古老的敌意

北岛集

古老的敌意

生活·讀書·新知 三联书店

2011 年冬在香港

和施耐德、温伯格在澳门(2009年香港国际诗歌节)

中印作家在一起（2008年春）

顾德、阿多尼斯、北岛、甘琦、雷竞璇(从左至右，2012年)

和顾彬、也斯、吴煦斌等在马六甲（2010年夏）

和廖伟棠在香港中文大学"北岛诗歌之夜"（2013年）

和女儿田田在斯特鲁加国际诗歌节
（2015年）

三联版小序

窗户，纸和笔。无论昼夜，拉上厚窗帘，隔绝世上的喧嚣，这多年的习惯——写作从哪儿开始的？

面对童年，与那个孩子对视。皆因情起，寻找生命的根。从十五岁起，有个作家的梦想，根本没想到多少代价。恍如隔世，却近在咫尺：迷失、黑暗、苦难、生者与死者，包括命运。穿越半个世纪的不测风云——我头发白了。

按中国人说法，命与运。我谈到俄国诗人曼德尔施塔姆。除了外在命运，还有一种内在命运，即常说的使命。外在命运和使命之间相生相克。一个有使命感的人，必然与外在命运抗争，并引导外在命运。

十九岁那年当建筑工人，初试动笔，这是出发的起点。众人睡通铺，唯我独醒。微光下，读书做笔记，静夜，照亮尊严的时刻。六年混凝土工，五年铁匠，劳动是永恒的主题——与大地共呼吸。筑起地基，寻找文字的重心；大锤击打，进入诗歌的节奏。感谢师傅们，教我另一种知识。谁引领青春岁月，在时代高压下，在旱地的裂缝深埋种子。

四十不惑，迎风在海外漂泊。重新学习生活、为人之道，必诚实谦卑。幸运的是，遇上很多越界的人，走在失败的路上。按塞缪尔·贝克特的说法，失败，试了，失败，试了再试，多少好点儿。谁都不可能跨越，若有通道，以亲身体验穿过语言的黑暗。打开门窗，那移动的地平线，来自内在视野。

写作的人是孤独的。写作在召唤，有时沉默，有时叫喊，往往没有回声。写作与孤独，形影不离，影子或许成为主人。如果有意义的话，写作就是迷失的君王。在桌上，文字越过边缘，甚至延展到大地。如果说，远行与回归，而回归的路更长。

我总体愚笨。在七十年代地下文坛，他们出类拔萃，令我叹服，幸好互相取暖，砥砺激发。我性格倔强，摸黑，在歧路，不见棺材不掉泪。其实路没有选择，心是罗盘，到处是重重迷雾，只能往前走。

很多年过去了。回头看，沿着一排暗中的街灯，两三盏灭了，郁闷中有意外的欣喜：街灯明灭，勾缀成行，为了生者与死者。

北岛
2014 年 12 月 8 日

目 录

辑一

3　一个四海为家的人

21　野兽怎么活,诗人就该怎么活

33　另一种声音

42　诗歌是我们生存的依据

59　越过王朔向老舍致敬

66　我的记忆之城

78　用"昨天"与"今天"对话
　　　谈《七十年代》

84　八十年代访谈录

100　　附录　致读者

103　在历史偶然的钢丝上
　　　关于"星星画会"

108　我一直在写作中寻找方向

124　越界三人行
　　　与施耐德、温伯格对话

辑二

153　古老的敌意

161　翻译与母语

168　致2049年的读者

172　诗意地栖居在香港

180　缺席与在场

184　失败之书

188　远行

191　　附录　致读者

194　硅谷的夏娃

199　劝君更尽一杯酒
　　　　为葛小佳送行

203　悲情往事
　　　悼张枣

辑三

209　用另一双眼睛寻找幽灵

辑一

一个四海为家的人[1]

◎ 您的新书《城门开》[2]写到什么程度了?

● 接近尾声了,还要三四个月吧。这本书是从我出生写到1969年上山下乡,侧重童年经验。瑞典诗人托马斯·特朗斯特罗默说:"人生像彗星一样,头部密集,尾部散漫。最集中的头部是童年时期,童年经验决定人的一生,而穿越童年经验是危险的,甚至接近于穿越死亡。"说得好像挺邪乎,其实很有道理。回顾童年,我才发现很多东西早已被决定了。

---

1 访谈者:《南方人物周刊》记者刘子超。原发表于《南方人物周刊》2009年第46期,原题《此刻离故土最近》。
2 《城门开》,2010年先后由香港牛津大学出版社和生活·读书·新知三联书店出版繁体字版和简体字版。

记忆像迷宫的门，追溯童年经验就是一个不断摸索、不断开门的过程。
◎ 以后会写自传吗？
● 大概不会真的写自传。我今年六十岁，可分为三段：出生到二十岁开始写诗，这是第一段；二十到四十岁是在国内折腾——地下写作，办《今天》，搞翻译，换工作，最后成为自由职业者，这是第二段；四十岁那年开始漂泊至今，这是第三段。我的人生阶段很清晰，这样交代起来省事。
◎ 漂泊了这么多年，中间回过几次北京？
● 从1989年到现在回过五次，每次不能超过一个月，都集中在2001年到2004年之间，从父亲病危到安葬。2001年底是十三年后第一次回北京，震动最大。北京完全变了，早年和老北京的联系被割断了。这个过程让我痛苦，好像在故乡反而迷失了，连自己的家门和读过书的学校都找不到了，只能坐出租车或有人陪着。这倒也好，回乡之旅彻底治好了我的乡愁。如果说还有乡愁，那也是对一个遥远的文化记忆的乡愁。而作家的好处是，他可以用文字恢复一个业已消失的世界。
◎ 这些年最大的改变是什么？

- 我想一个四海为家的人的最大好处是，由于不属于任何体制，他有亲历者和旁观者的双重批评特权。身在其中又在其外，用不着遵守当地的规矩。正因这种与各种文化，包括母语文化若即若离的关系，他可以说三道四、无法无天。我希望自己继续保持这种批评的特权。
◎ 在美国时也批评美国主流文化吗？
- 当然。在一个社会生活久了，如果没发现任何问题，就说明你有问题了。但我觉得，谈论一个国家，最好能放在这个国家的语境中——脱离这个语境很难理清来龙去脉。我认为美国是中国将来应该避免走的道路。它是资本主义的"原教旨主义"，垄断资本控制国家与社会。它的民主体制设计上很完美，但在实践中困境重重。
◎ 中国的自由派知识分子对美国民主是很欣赏的。
- 新左派和自由派之争，和每个人的阅历、知识背景有关，立场观点像光谱那样复杂，很难简单分类。我看过《民主四讲》[1]，很多地方讲得是对的，但不能

---

[1] 《民主四讲》，王绍光著，2008年8月由生活·读书·新知三联书店出版。

把对美国制度的批评简单地转化成自我颂扬。美国民主制度是有种种问题，但并不能反证中国的现状就是好的。如果连知识分子都不肯认真反省这六十年，将来还会犯同样的错误。我认为知识分子最起码要做到永远保持批判立场，不取悦任何一方，无论权贵还是大众。

◎ 您的文集近年在内地陆续出版，有删改情况吗？

● 最近出香港牛津版五卷本，编辑和我共同校对，才发现内地的每本散文集都删了上百处。有些出版社，如三联，就做得比较好，《七十年代》删节得很少。

◎ 您的新书算是对少年时代经历的反省吗？

● 1966年我十七岁，曾很深地卷进"文革"的浪潮中。我想探讨的是一个少年在"文革"中的成长经验，包括对当时狂热行为的忏悔。我最近刚完成的这篇是《北京四中》。四中在中国的地位很特殊，其中潜藏和爆发的危机也很有代表性。在我看来实际上有两个四中：一个是以高干子弟为中心的"贵族四中"，一个是以思想文化为动力的"平民四中"。这种内在的分裂在"文革"前被所谓"平等意识"掩盖了，而"文革"不仅暴露，甚至加深了这种对立，鸿沟一直延伸到现在，双方几乎老死不相往来。这又恰好与当今的政治、社会形态挂上了钩。

◎ 对那个时代人们的评价反差特别大。《七十年代》里，徐冰和陈丹青的观点就很不同。

● 这也正是我们编辑《七十年代》的意图之一。那一代人共同的经历很接近——上山下乡、自学，拥有来自底层的社会经验，但却有不同甚至相反的立场、观点。这种矛盾恰好构成了历史叙述的复杂性与丰富性。我觉得徐冰的角度很有意思，不是简单否定，而是把看来愚昧的东西转化成营养，转化成再创造的可能。比如正是由于读书被禁，人们反而产生精神上的饥渴。一本书往往会改变一个人的命运。这在今天几乎是不可能的。专制主义的压力来源是明确的，是单向的，而消费主义的压力却无所不在，看不见摸不着，让人找不到反抗的方向。

◎ 对您这代人来说，反抗是必然的选择吗？

● 到七十年代，中国文化走向绝境，这才有绝处逢生的可能。其实对那一段历史的复杂性还远没有说透，解读往往停留在肤浅而简单化的陈词滥调之中。我跟朋友建议做《六十年代》，那是埋下种子的时段，也就是所谓童年经验。七十年代是破土与艰难生长的过程。你也可以把这一过程叫做反抗。六十年代末，即上山下乡刚开始的时候，有个人物值得一提，他就是食指（原名郭路生）。他这颗种子和大地的关系有点儿特别。他是红卫兵运动走向高潮时开始失落的，他的代表作《鱼群三部曲》描述的就是这一点。而恰好赶上"上山下乡运动"，一下子把他的诗带向四面八方。这就是天时地利人和，食指一下触动了中国现代诗歌的开关。如果说反抗是某种必然，那么反抗是否都能开花结果就难说了。这背后的复杂性需要好好梳理。

◎ 您是当年地下文化的见证者，能谈一下当时北京主要的文化圈子吗？

● 打个比方，北京的文化圈子有点儿像大小涟漪，扩张碰撞，融合在一起，形成更大的涟漪，最终才能兴风作浪。比如我先在几个同班同学组成的小圈子混，后来经朋友介绍，认识了芒克、彭刚和多多等人，他们都属于北京一个比较有名的圈子，女主人叫徐浩渊，当时只是二十岁出头的女孩。这是多么有意思的现象，她扮演像巴黎斯坦因夫人那样的沙龙女主人的角色，指点江山，说谁成谁就成。说到底，这也是中国革命带来的结果，胆大，没有条条框框。他们在当时的高压环境中办过地下画展，还投票选出最佳作品。而像这样的沙龙其实全国各地都有，只不过在主流的历史叙述中被忽略了。《七十年代》正打算出下一卷，而我首先想到的是再现这些被忽略的细节，呈现更加复杂多变的历史质感。

◎ 您怎么评价自己早年的诗作，包括它们和当时的政治之间的紧张关系？

● 我没有保留最初的诗稿，但我还能记得第一首诗叫《因为我们还年轻》[1]。在当时高度政治化的压力下，我们这代人存在虚无颓废的倾向，那首诗针对的是这一倾向，带有明显的道德说教意味。当时就有个朋友指出了这一点，这是我早期写作中一直在克服的问题。其实《回答》也还是有道德说教的影子，只不过在反抗的姿态中似乎被掩盖了。《回答》最初写于1973年，1976年做了修改，1978年首先发表在《今天》创刊号上，第二年春天被《诗刊》转载。由

1　此诗原稿已遗失。

于过于鲜明的政治反抗色彩，为安全起见，发表时标的创作时间是1976年。

◎ 您的诗从一开始就具有启蒙色彩，怎么看这种启蒙者的身份？

● 启蒙者都喜欢道德说教，这大概就是症结所在。其实我在我们那代人中是比较笨的，是需要被启蒙的人。我们中间有很多出类拔萃的人。比如岳重（笔名根子），横空出世，把北京地下文坛全都震住了。某种意义上，甚至可以说他是自七十年代初以来现代诗歌的开端。当然，由于他父亲是电影导演，他很早接触到西方诗歌。所谓"白洋淀诗派"[1]，芒克、多多、江河、宋海泉等，都多少受他影响。

◎ 《回答》影响了一代人，您却说要对它有一个反省，反省什么？

● 对抗是种强大的动力，但又潜藏着危险，就是你会长得越来越像你的敌人。官方话语到"文革"算是走到了头，甚至所有词与物的关系都被确定了。

---

1 "白洋淀诗派"是"文革"时期较早开始现代诗探索的诗歌群落，主要成员有芒克、多多、根子。

1972年初,我写了首诗《你好,百花山》,其中有一句"绿色的阳光在缝隙里流窜"。我父亲看到后满脸恐慌,让我马上烧掉。因为太阳指的只能是毛泽东,怎么能是绿色的呢?如果说这四十年来,我们颠覆了官方话语的统治地位,恢复了现代汉语的尊严,值得骄傲,那同时我们也很可悲,因为我们就像曼德尔施塔姆所说的,扮演的是"低级侍从"的角色。换句话说,我们只会行走,不会飞翔;只会战斗,不会做梦。放在这样的语境中,你就会明白我对《回答》的不满了。

◎ 1979年,官方刊物发表了《回答》,引起巨大反响,这对你的生活有什么改变?

● 《诗刊》给了我九块钱稿费,我请当时办《今天》的朋友们撮了一顿。这是对我最直接的影响了。

◎ 是否有站在时代前沿的感觉?

● 什么是时代前沿?在《今天》出现前我们其实都很消沉,看不到什么希望。有一回我和芒克、彭刚一起喝酒,从屠格涅夫的《罗亭》说到中国的未来。四中有个同学叫张育海,七十年代初参加缅共人民军,在战斗中牺牲。他临死前不久,曾给同学写了封信，其中有一段话大意是，不是历史不给我们机会，而是有了机会由于没做好准备，往往错过。[1] 这封信在知青中流传甚广，对我影响很大。十年磨一剑，熬到了1978年。政治上开始出现松动的迹象，我们终于浮出地表。我在《今天》发刊词的第一句话就是"历史终于给了我们机会"，与张育海的那封信遥相呼应。现在看来，我们准备得很不够，否则还应该走得更远些。

◎ 官方在这个过程中扮演了什么角色？

● 在今天，"官方"这个说法有点简单化，比如不少现当代文学史都提到《今天》及其重要性，甚至正式出版关于《今天》及地下文学的回忆录，报刊也有关于《今天》的访谈和介绍，但这并不等于得到承认。当然承认不承认没关系，这只是时间问题。回顾当年关于"朦胧诗"的争论，已恍如隔世。现在想起来真得感谢当时主管文艺的官员及其理论家，他们组织人马大力"推广""今天派"（"朦胧派"）

---

[1] 这句话的原文是：不是没有机会投身于历史的潮流，而是没有准备、缺乏锻炼，到时候被潮流卷进去，身不由己，往往错过。——《张育海自缅共人民军致友人书》

诗歌，让它们深入人心，功不可没。

◎ 对您来说，时代的压力与写作有怎样的关系？

● 对作家来说，时代的压力不一定是坏事，也不一定是好事，没有压力有时反倒是更大的压力。关键是作家是否能将压力转化并升华为写作的动力与资源。或许最值得庆幸的是，我们这代人从写作之初就断了功名利禄的念想。而这（追求功名利禄）正是中国文化传统带给个人最负面的能量。这真得感谢"文革"，正是"文革"的破坏，造成与传统文化的偏离，我们这帮人才有了创造新空间的可能，这恐怕是祖辈、后代都难以获取的空间——在可怖高压下获得某种纯粹的自由，在最黑暗的时刻目睹令人晕眩的光明。如今这传统又回到老路上，每个人又重新活在它的阴影中。看看那些文人为蝇头小利什么缺德事都能干得出来，就是明证。这是个很大的话题，不是几句话就能说清楚的，需要更广泛更深入地探讨。

◎ 听说您跟中国电影界的人很熟。

● 我认识陈凯歌、张艺谋等人时，他们还是电影学院的学生。陈凯歌是个讲故事的天才，能把一部外国电影完整地讲出来，连同场景、对话、动作等所有细节。他参与过《今天》的活动，发过短篇小说，也是《今天》在北京电影学院的代理，负责张贴海报、代售刊物。总体而言，我觉得"第五代"完了，全面向权势、资本投降了。可惜。恐怕只有田壮壮是个例外，他还在孤军奋战。前两年我在美国一所私立学院教中国当代电影，觉得还是《黄土地》好。我真纳闷，难道"第五代"不但没长进，反而倒退了吗？他们后来的电影你可以看出不断妥协、让步、放弃的过程，直到完全从艺术中撤离。我现在对他们不再抱任何希望，决心再也不看他们的任何电影。这又回到刚才提到的张育海的那句话，不是历史不给我们机会，而是没有准备，有了机会也往往错过。不能说我们没有准备，而是没有做好充分的准备——知识不完整，信念不坚定，一句话，缺乏足够的精神能量，所以走不了多远。再赶上商业化，活了一辈子什么都见过，就是没见过钱，于是纷纷落马。从七十年代末开始，包括《今天》、"星星画会"、"四月影会"、"第三代诗歌"、"第五代电影"、"寻根文学"、实验小说，那就是一场文艺复兴运动，到八十年代中期走向高潮。由于准备不足，这能量没持续多久就衰败了。

◎ 听说您和艾青关系曾很近，后来出现分歧。能说说这段公案吗？

● 说来话长。1983年"反精神污染运动"开始，《经济日报》去艾青家采访。艾青把政治与私人恩怨夹在一起，多次点到我的名。出了门，《经济日报》副总编辑对随行的年轻编辑（恰好是我好朋友的同学）说，艾青今天涉及北岛的话要全部删掉。她的职业道德多少保护了我。我和艾青是他1976年从新疆到北京治眼病时认识的。那时他住在白塔寺的一个小院里，单间，上下铺，他们夫妇和两个儿子挤在一间小屋。我跟艾未未很要好，我第一本诗集《陌生的海滩》的封面是他手绘制作的，总共一百本。其中《太阳城札记》中的最后一节是"生活·网"，艾青到处公开引用批评。我给他写了一封信，强调这是一首组诗中的一小节，你要批评，也应说明原委。我接着说，你也是从年轻时代过来的，挨了那么多年整，对我们的写作应持有宽容公正的态度。收到此信，艾青给我打电话，我们几乎就在电话里吵起来。其实我和不少前辈都成了忘年之交。七十年代是两代人互动交错的特殊时期，有很多动人的故事。很遗憾，我和艾青的关系走到了另一个极端。

◎ 后来第三代诗人喊出了"Pass 北岛"的口号。

● 在西方普遍是二十年一代，在中国，由于特殊的历史时期，社会变化太快，代与代之间被压缩了，有人说五年一代，有人说十年一代。总之由于距离太近，布鲁姆所说的那种"影响的焦虑"[1]就更显而易见。

◎ 1989年之后，您开始了在海外的漂泊，当时的状态是怎样的？

● 我算比较幸运的，最初有奖学金，后来混到大学教书。我生存能力比较强。刚到国外的那几年，一直拒绝学外语，直到1993年去美国，才真正感到语言的压力。我用英文教诗歌写作，胆儿够大的。每天

---

1 哈罗德·布鲁姆（Harold Bloom，1930— ）：美国著名文学教授、"耶鲁学派"批评家、文学理论家。1973年推出《影响的焦虑》，"用一本小书敲了一下所有人的神经"，在美国批评界引起巨大反响。根据钱文亮《布鲁姆的影响诗学与修正理论》一文阐述：在《影响的焦虑》这本著名的小书中，布鲁姆以其极敏锐的理论洞察力将久久困惑与苦恼着现当代诗人的创造心理问题第一次突出了出来。面对漫长而悠久的诗歌历史与诗歌传统，面对一个比一个伟大的前辈诗人及其完成的巨大而足够丰富的文本遗产，作为诗歌史上的"迟来者"，我们这些现当代诗人的创造还有可能吗？如何才能实现这种可能？

花大量时间读英文备课，最麻烦的是看不懂学生的作业，诗歌的词汇量大，一个词卡住就无法继续分析。后来买到一种扫描笔，碰到生词一扫就出现中文解释，我管它叫"扫盲笔"，这玩意儿可救了我。我上课时跟学生说，这是我的秘密武器。

◎ 生活上的压力有多大？

● 在国外生活需要坚强的神经。有一阵，我独自养家带女儿，只能前进不能后退。第一大难关就是在加州大学戴维斯分校教书时被系里来自台湾的老板炒了鱿鱼。当时没什么存款，房子每月还要付按揭，一脚踩空了。我终于体会到资本主义的厉害，像老虎，比专制还厉害——老虎猛于苛政。幸好"美国之音"约我写"作家手记"，救我于水深火热中，还逼出写散文的能力。后来我转向用英文教写作、出去朗诵，都和生存压力有关。

◎ 朗诵也用英文吗？

● 我一直坚持用中文朗诵诗歌，用英文朗诵散文。因为中文是我诗歌的身份，不能放弃。在美国的大学系统，英文系几乎都设有创作课，由诗人、作家担任教授，与创作课配套的是朗诵系列。互相请来请去，这是美国诗人一个重要的收入来源。

◎ 在《朗诵记》中，您提到过一些奇闻轶事，特别有意思，还能说一些吗？

● 朗诵会一般有严格的时间限制。但由于诗人的 ego（自我意识）太强，常常会尽量多地占领舞台，夺走别人朗诵的时间。我认识一个叫乔治的美国诗人，当过兵，参加过越战，因反战被送上军事法庭，后来又去日本学武术。有一回，他在旧金山参加一个朗诵会，坐他旁边的是个黑人诗人，人高马大，而乔治比较矮小。台上小说家正在朗诵，规定每人为二十分钟，那家伙念了四十五分钟还没完。可把乔治激怒了，他跟那位黑人诗人商量，上台揍他一顿，乔治打下三路，黑人打上三路。台上那家伙预感到了，先从书包里取出个木盒，再从里边掏出手枪，边读边挥手枪，把大家全镇了。他一口气朗诵了一个半钟头，然后收起手枪，扬长而去。

◎ 2007年底您开始定居香港，香港对您意味着什么？

● 我感谢香港收留了我。香港多年来收留过很多人，包括孙中山。虽是弹丸之地，却提供了另一种政治与社会文化形态。当然香港有香港的问题。教书时，我发现我学生的外国诗歌知识几乎是零,让我大吃一惊。所以我们正筹备"香港国际诗歌之夜"。

◎ 在现代化转型中,很多国家都会有焦虑,您觉得这种焦虑在中国有何特殊性?

● 作为一个作家和知识分子,我感到我们这一百年来付出了太多文化创造力的代价。新文化运动之后,没有留下多少有价值的东西。在现代化转型中,解决工业化与民族独立的同时,民族精神性的东西在不断衰退,这体现在文化的创造力上。今年夏天,我在法国普罗旺斯看了一个小村里的书店,是一个木匠建起来的,有三层楼。我站在法国文学经典的一两百本前感到震惊。如果说,我还有什么梦想,我希望未来的中国能出现一场新的文化复兴运动,彻底改变民族的悲剧。

◎ 在这个过程中,如何面对西方话语?

● 全球话语是以西方为代表的话语系统,这后面有一种潜在的危险,如同当年的革命话语。中国一直对西方有一种情结,什么事都和西方去比,其实这里有很多不可比。在探讨现代性转型时,我们不应简单地把西方作为一个参照系。现在我们受到西方话语的影响太大，比如我们在文学批评中，都受到西方的影响，变成了一种情结，而且是悖论式的，你要批评他，也要用他的话语。我们正通过《今天》和非西方文明建立一种对话关系，现在《今天》在做和印度的对话，接下来会是埃及、土耳其。我想，中国文化应该走出去，脱离这个怪圈，而只有民间才能真正做到这点。

◎ 是什么帮您渡过了最艰难的时刻？

● 第一是写作。写作首先是与自己对话，相当于心理治疗。在写作中，你才会不断重新定位，确定生存的意义。第二是对家人、朋友的责任，首先是对父母、对女儿的责任。第三就是喝酒。

◎ 想过别的选择吗？

● 在绝望时刻，人人都会有轻生的念头，每过一关都是胜利，人生就是这样一点点磨砺出来的。

◎ 说说您最幸福的时刻。

● 人生只有痛苦是绝对的，幸福总是相对的。现在我已到了耳顺之年，生命进入相对平静的时期，不再为生计发愁。我希望珍惜这种平静与自由，完成始于四十年前的写作理想。

野兽怎么活，诗人就该怎么活[1]

◎ 间隔十五年后，诺贝尔再次把奖金支付给一个诗人。他为什么可以赢得这份尊敬？他值得这份尊敬吗？

● 我说过，特朗斯特罗默[2]大于诺贝尔奖。把今年文学奖授予他，与其说是托马斯的骄傲，不如说是瑞典

---

[1] 访谈者：《南方周末》记者王寅。本文原发表于2011年10月13日《南方周末》。
[2] 托马斯·特朗斯特罗默（Tomas Tranströmer，1931— ）：瑞典诗人。出生于斯德哥尔摩。1954年出版第一本诗集《诗十七首》，引起瑞典诗坛轰动。七十年代时，特朗斯特罗默在《波罗的海》里写到祖父中风的家族史。1990年，他自己中风，右半身瘫痪，失去语言交流能力。2011年获诺贝尔文学奖。北岛和特朗斯特罗默相识于1985年，曾一起游览长城。九十年代初北岛旅居瑞典，与特朗斯特罗默多次交往。北岛是特朗斯特罗默的第一个中译者，1984年第4期《世界文学》发表了北岛以"石默"的笔名从英译本转译的特朗斯特罗默《诗六首》。

文学院的骄傲。托马斯在世界文学的地位是公认的，多个奖少个奖并不能改变什么。这一点人们最好不要本末倒置。我在《特朗斯特罗默：黑暗怎样焊住灵魂的银河》（收入《时间的玫瑰》）一文中做了详细的分析和总结。读者有耐心的话，可以去读这篇文章。我只能说，他是二十世纪以来世界最伟大的诗人之一，他的诗歌已经成为人类精神财富的一部分。

◎ 特朗斯特罗默的正式职业是心理学家，他的这份工作一直做到他退休（生病）吗？他的这份职业和他的创作有联系吗？

● 更准确地说他是犯罪心理学家，主要是在少年犯罪管教所工作。我很少问到他的工作。我曾在《蓝房子》说过："依我看，这职业离诗歌最近，诗歌难道不像个少年犯吗？"这话有半开玩笑的成分。若进一步深究，我认为托马斯选择心理学这个职业和他的童年经验有关。他在回忆录《记忆看见我》（我把某些片断译成中文，收入《时间的玫瑰》一书）提到他在童年时代的精神创伤。看过这些回忆文字，你就会明白，其实在某种意义上，诗人（或者说每个人）都是病人，写作就是一种心理治疗。在《记忆看见我》的开始，他把人的一生比喻成彗星，头部最密集的部分相当于人的童年，生命最主要的特征已在那个阶段被决定了。

◎ 特朗斯特罗默在瑞典享有很大的尊重吗？我指的是普通民众里。诗歌阅读在瑞典这样的欧洲国家，是普遍的吗？

⦿ 托马斯在瑞典几乎家喻户晓。这和瑞典对文化的重视有关。据说瑞典是世界上人均购书量最大的国家之一。我有一次坐飞机，旁边坐的是个瑞典工程师。跟他聊起托马斯，他说每本托马斯新出版的诗集他都买。这在瑞典是很普遍的现象。

◎ 特朗斯特罗默只发表了二百多首诗，是诺贝尔文学奖历史上作品数量最少的一位诗人。你怎么看？

⦿ 托马斯是少而精的典范。一个人写一首好诗就是诗人，一个人写一千首烂诗还是算不上诗人。张继凭一首《枫桥夜泊》就在唐诗史中立住了。托马斯只写了二百多首诗，但每首都近乎完美。

◎ 你曾形容特朗斯特罗默中风后用左手写的诗稿"像是地震后的结果，凌乱不堪"，特朗斯特罗默在中风之后的创作是如何进行的？中风前后的创作有什么差别?

● 他和夫人莫妮卡曾把他的手稿给我看,那是写在十六开横格本上,上面有反复修改的痕迹,显然是字斟句酌。1990年的中风造成右偏瘫,他不得不改用左手写字、弹钢琴。他不仅没有中断写作,甚至又达到新的高峰,1996年出版的诗集《悲伤的康杜拉》就是证明。据我所知,这几年他写得少多了,主要采用俳句的形式。

◎ 你是特朗斯特罗默的第一个中译者,八十年代初期你就选译了他的九首诗,第一次读到他的诗感受如何?

● 我译的九首诗来自他1983年刚出版的诗集《野蛮的广场》,当然是从英文转译的。当时我的英文很差,主要靠字典,我被那些奇特的意象和深层的神秘感震住了。当时我们也读了不少当代外国诗歌,而他的风格是独一无二的。我意识到我正和一位大师相遇,相比之下,中国诗歌还处在一个很低的起点上。

◎ 托马斯在中国诗歌界是备受关注的诗人。据你所知,他为什么能够吸引众多中国诗人?其诗歌的某些元素暗合了东方诗歌的某些调性吗?

● 托马斯的诗中的确暗合了东方诗歌的某些因素。比如，他不说教，而是从具体事物的细节入手，通过丰富的意象展示一个更深层的世界。他的诗有时会让人联想到李商隐、李煜和王维。

◎ 诗歌经过翻译之后，在多大程度上仍然是原来的它？或者说，诗歌翻译在多大程度上是可信的？比起单纯的翻译家，诗人的诗歌翻译是否可靠度更高一些？

● 翻译是母语的一部分，文学翻译的兴盛往往也意味本国文学的兴盛。一般来说，诗人外语能力都不怎么样，但由于我提到翻译与母语的关系，诗人的译文往往更可取，当然如果能和一位语言专家合作就更理想了。

◎ 你还记得特朗斯特罗默第一次到北京的情景吗？

● 1985年春天，托马斯到北京访问。作为中译者，我陪他游长城。我俩都不爱说话，在一起总是沉默。一起去的还有《中国画报》社瑞典文组组长李之义，我们的交谈主要是通过李之义翻译的。记得城垛上到处是"某某到此一游"的刻痕，让他感到惊讶。他用手抚摸那些字迹，耸耸肩，向我做了个鬼脸。我让他转过身，给他拍了张照片。他微笑，微风掀起头发，背景是那刻满字的城垛。这张照片后来被放在他的一本书的扉页。我在十几年前写的一篇关于他的文章《蓝房子》中写过这些细节。

◎ 他对中国似乎情有独钟，在中风后的2001年又来过一次。你们在交谈中，他有没有说起对中国的印象，特别是第二次来华以后？

● 1985年夏天，我第一次去瑞典，在他的别墅——蓝房子做客，他说起第一次中国之行，给他印象特别深的是上海。那是他独自旅行，基本上没有陪同，而支付他旅行费用的瑞典使馆要他保留每张发票。那时的发票基本上没有英文，他站在街上，翻过来倒过去看那些发票，招来了不少围观者。于是他把这一旅行经验转化成诗，最初是《上海》，后来发表时改名为《上海的街》。我们在蓝房子做客时，他念了这首诗的片断。记得他还特别问我中文的成语"八面玲珑"的确切含义，这成语被用进《上海的街》中。这是他在1985年首次中国之行后动笔，后收入1989年出版的诗集《为了生者与死者》，花了三四年的时间修改。他1990年12月中风后，基本失去了语言功能，无法交谈。

◎ 你去看望特朗斯特罗默的时候，曾经送给他一套古尔德（Glenn Gould）演奏的巴赫CD，他在中风后能用左手弹钢琴。你们聊过音乐吗？

● 2007年夏天，我从巴黎专程去瑞典看他，和他们夫妇一起，在蓝房子住了三四天。无法用语言交流让我很痛苦。可以说，真正的交流是每天晚饭后，我们三人坐在一起听古典音乐。天色暗下来，我注意到托马斯眼神的变化，变得柔和、伤感。

◎ 你在《时间的玫瑰》中写到的九位诗人，除了以小说获奖的帕斯捷尔纳克[1]和现在得奖的特朗斯特罗默，其他几位都未曾获得过诺贝尔文学奖，但他们的创作都是可以传诸后世的杰作。为什么好的诗人往往会被诺贝尔文学奖忽略？

● 这个话题比较复杂，得分开来说。首先，我提到那九位诗人大都生活在动荡的年代，由于战乱或专制，

---

1 帕斯捷尔纳克（Boris Pesternak，1890—1960）：前苏联作家。早期诗作有象征主义色彩和逃避现实的倾向，写有《高贵病》《1905年》等。三十年代发表诗集《重生》，反对暴力革命。代表作长篇小说《日瓦戈医生》，描写主人公在十月革命前后的动荡生活，1957年起先后在意、英、美等国出版，在苏联未能出版。获1958年诺贝尔文学奖，但未接受。

其中大多数死得很早，往往死后才得到广泛承认；第二，诗歌是文学之冠，这门手艺难度高，优劣难辨。这也说明为什么就总体而言，在诗歌方面评奖的误差比较大；第三，我认为，这与瑞典文学院对现代主义文学艺术、西方中心观和冷战思维等缺乏足够的反省有关。

◎ 你在选择你最喜欢的九位诗人时，你的标准是什么？或者说，"你喜欢"可以翻译成怎样的标准？比如你并未选择金斯堡。

● 诗人判断的标准是非常个人化的，甚至带有强烈的排他性。在我看来，诗人优秀与否首先取决于原创性，也就是看他是否会为世界的精神财富增添一点东西，而不是成为这个喧嚣的时代的回声或噪音。我选取的九位诗人中，写作时依然健在的两位是托马斯和楚瓦什诗人艾基[1]，对一般读者来说是陌生的。

---

[1] 艾基（Gennady Aygi, 1934—2006）：俄罗斯重要诗人。生于俄联邦境内的楚瓦什共和国，本姓李辛（Lisin），后改艾基，意为"那一个"。出版有诗集《沃罗尼卡之书》等。在诗论集《时间的玫瑰》中，北岛有一章专论艾基，"关于俄国诗歌的金链，我提到了三个名字：曼德尔施塔姆、帕斯捷尔纳克和艾基。"

但我认为他们远比那些"流行的"桂冠诗人们棒多了。至于我推崇的理由,还是要读读我那本书才知道。很可惜,艾基于 2006 年死于癌症,他的离去使国际诗坛更加黯淡了。

◎ 诗歌在二十世纪上半叶经历过一个黄金期,产生了所谓"国际诗歌"。什么是"国际诗歌"?在黄金期之后,还有所谓"国际诗歌"吗?为什么?

● 这是个很复杂的问题。首先我所说的"国际诗歌"不是一个概念而是某种现象和潮流。这恐怕和国家、语言和文化的开放有关,尤其到了二十世纪,经历了两次世界大战,各个语种的文学通过翻译互相沟通,从而产生了跨种族跨语言的国际性影响。打个比方,一个中国诗人在古代不需要了解外国文学就可以写作,而在当今这个世界则完全是不可能的。我在《时间的玫瑰》一书中所说的,国际诗歌的黄金期是在二十世纪上半叶,与两次世界大战有关,正好也是现代主义文学艺术处在高峰的状态。这两者间的互动关系值得进一步探讨。到了今天,可以说国际诗歌又产生了某种变异,这与以商业化娱乐化为主导的"全球化"有关,迫使"国际诗歌"进一步边缘化了，这一劣势反而赋予它新的使命，那就是进一步强调诗歌的异质性，用"异质的"全球化对抗资本与权力合谋的"同质的"全球化。

◎ 诗人显然无法成为一个职业，无法成为谋生之道。诗人又是极其"专业的专业"，诗人如何生存？在古代有所不同，在当今时代，他们如何生存？诗人的江湖是怎样的？

● 写诗本来就不应该是一个职业，否则诗人很容易被"职业"毁了。这就像野兽和家畜的区别。为什么当代美国很难出现伟大诗人，那就是被大学"圈养"的结果。中国的问题也差不多。其实野兽怎么活法儿，诗人就该怎么活法儿。

◎ 你本人不仅在编辑一本刊物，而且在操持一个国际诗歌节。你的用意是什么？

● 我正从"野兽"变成"家畜"，好在时间不长，我时时提醒自己，可千万别"上套儿"。说到正在筹备中的第二届"香港国际诗歌之夜"，将于2011年11月10日至13日进行。这是我到香港后，和同事同道共同创建的一系列诗歌活动的一部分。本届诗歌节邀请了十位外国诗人和十位汉语诗人，为每位诗人出版一本多语种的袖珍版诗集。这在全世界的诗歌节中是独一无二的。还有另一个项目"国际诗人在香港",每年分别请两位国际诗人到香港小住,和市民、大中学生、本地诗人进行交流。由牛津大学出版社为每位国际诗人出版一本精美的双语诗集,并事先组织专门的诗歌工作坊,由专家或译者主持。我的想法很简单,就是充分利用香港这样的平台,通过翻译、出版、朗诵等一系列方式,逐渐改变这里的文化生态。这需要小小的野心,外加大量的时间和精力。在我看来,这是诗人作为"野兽"以外社会责任的一部分。

◎ 你经历过中国诗歌的黄金时期,又多年在大学里讲授诗歌,据你的经验,诗歌阅读在不同的地域、不同时段有怎样的热衷度或者冷漠度?为什么?

● 我曾开玩笑说,在这个世界上,只有写诗这件事是人人平等的,有钱没钱的平等,有知识没知识的平等。我原来在美国大学教创作,现在又转到香港的大学,也教类似的课程。我认为,无论在哪儿,现代教育这个系统肯定是出毛病了。而且基本规律是,往往学历越高问题越大。到了大学这一层,头脑中的开关已基本转换了——缺乏想象力和创造性,更别说读研拿博士,那基本上就算完了,跟短路差不多。所以我认为诗歌教育要跟现代教育抢时间,越早越好。我现在开始和香港的中小学挂钩,希望能把诗歌教育理念带给孩子们。

另一种声音[1]

◎ 您目前因为各种原因,只能在香港写诗创作,在这样的状态和环境中创作,带给您意想不到的收获是什么?

● 其实诗歌创作跟环境没什么关系。在香港定居,倒是有别的意外收获:由于香港的历史背景、地理位置与国际地位,由于高度的商业化与都市化,反而为拓展文化与文学艺术的空间提供了无限的可能。比如,刚刚结束的"香港国际诗歌之夜",就是证明。在一个高度商业化的社会推广非商业化甚至反

---

[1] 访谈者:《东方早报》记者石剑峰。原文发表于 2010 年 1 月 17 日《东方早报·上海访谈》,原题《当代诗歌的困境》。

商业化的"阳春白雪",不仅是可能的,而且可以说是成功的。所谓"绝处逢生",就是这个道理。

◎ 您那一辈出来的著名诗人,这些年在创作上似乎都有些停滞,他们有诗歌之外的事业,您觉得他们遇到的困境又有哪些?

● 写诗难呀——可以这么说吧,你每天都得从零开始,不像别的手艺,熟能生巧。当然有些是写作以外的困境,各有各的难处。

◎ 在这转型的时代中,中国诗歌能发挥的作用会是什么?

● 这个问题应列入国家的五年、十年计划中。不管时代怎么转型,诗歌都应该幸存下去,也必须幸存下去,因为它本身就是一个民族文化的灵魂。

◎ 帕斯[1]在《另一种声音》中说,诗歌是介乎宗教与革命之间的另一种声音,按照这样一个标准,诗歌在中国(1949年以后的诗歌)哪个时期可能比较符合这

---

1 帕斯(Octavio Paz,1914—1998):墨西哥诗人、散文家。在墨西哥大学学习期间发表诗集《野生的月亮》。1937年赴西班牙参加反法西斯运动。出版有诗集《在你清晰的阴影下》《决不让他们得逞》等。曾任驻联合国教科文组织代表、驻印度大使。1990年获诺贝尔文学奖。

样的界定？为什么？

- 我先说明一下，这是他的论文集《另一种声音》中的最后一篇，写作时间是 1989 年 12 月，距今整整二十年了。众所周知，1989 年是人类历史上一个重要的转折点。帕斯这样写道："我们经历一场时代的转折：不是一场革命，而是一场回归，在最古老最深刻的意义上的回归。一种向源头的回归，同时也是一种向初始的回归。正如一位美国教授所说，我们不能亲临历史的终点，而是亲临一种新的开始。被埋葬的现实的复活，被遗忘和被压抑者的重现。正如以往历史上发生的那样，汇入一种再生、向初始的回归几乎总是混乱：革新，复兴。"而帕斯认为，诗歌为这种回归提供了可能。回顾人类历史，宗教与革命带来太多血腥的记忆，在这一意义上，诗歌是"另一种声音"。谈到 1949 年以来的这六十年，真正可以称作"另一种声音"的是始于六十年代末的中国地下诗歌。它在七十年代末浮出地表，并产生巨大的影响。其实这就是帕斯所说的那种回归，对中华古老文明的源头的回归，那就是诗歌的中国。
- 可能令您失望的是，中国诗歌是否已经离革命和宗教太远？是诗人自己的原因还是社会、政治等因素？

- 你完全弄错了，我认为中国诗歌恰好应该远离革命与宗教。在我看来，革命与宗教有某种共性，那是一种"想象的共同体"，并依赖组织甚至武装力量来完成改造人类的目的——"存天理，灭人欲"。而诗歌不同，它纯属个人的想象，自我认知自我解放，无组织无纪律，不存在任何外在的强制性与侵略性。

◎ 四十年前的诗歌"革命"在某种意义上是否既是起点，但没走几步就已经是终点了？这是否是你们这辈诗人始料未及的？

- 谈论诗歌，我们需要不同的时间尺度，从《诗经》到现在已有三千年了，按这个尺度，四十年算不上什么。"终点"这个说法不对。如果把1969年作为中国诗歌的新的开端的话，那么这场"诗歌革命"一直持续到今天，而且会继续下去。当然和头二十年的辉煌相比，近二十年可谓危机四伏。让我再引用帕斯在《另一种声音》中的话："今天，艺术和文学面临一种不同的危险：不是一种学说或一个无所不知的政党在威胁它们，而是一种没有面孔、没有灵魂、没有方向的经济进程在威胁它们。市场是圆的，无人称的，不偏不倚而又不可通融的。有的人会说，照他看来，是公道的。或许如此。不过它是瞎子和聋子，既不爱文学也不爱冒险，不知也不会选择。它的审查不是思想性的，它没有思想。它只知价格，而不知价值。"帕斯的话正好概括了这二十年中国艺术与文学，包括诗歌在内的外在危机。除此以外，还有一种内在危机。那就是我们这古老民族太注重功利，太工于心计，缺乏一种天真无畏的"少年精神"。这一点恰恰从内部消耗了向前推进的动力。

◎ 施耐德在香港的时候说，现在的中国诗人和诗歌太注重抒情，而忘记了诗歌最重要的功能之一是批判，中国诗歌是否真的在丧失这一功能？在中国，诗歌的批判性主要可以表现在哪些方面？

⦿ 施耐德说的有道理。中国传统文化的精髓主要是审美，而审美如果没有足够的批判与反省意识伴随的话，就很容易变质，变得矫饰滥情甚至腐朽。自十九世纪下半叶以来，现代诗歌正是在与工业化引导的现代化进程的对抗中应运而生的。遗憾的是，如今很多人都忘记了这一基本前提，甚至提倡复古，走唯美的老路，那是根本行不通的。

◎ 你为"中坤诗歌奖"写的获奖感言,和阿多尼斯[1]的获奖演讲,在我看来有很多相似之处。比如你们都谈到了诗歌语言,你说"汉语在解放的狂欢中耗尽能量而走向衰竭"、"词与物,和当年的困境刚好相反,出现严重的脱节",在你看来,这是当代汉语本身的问题,还是因为汉语受到了其他方面的影响造成的?

● 现代汉语的问题大了去了。作为中国作家我们要负很大的责任——对现代汉语的危机缺乏自觉意识。打个比方,有点儿像地下工厂进行批量生产,根本不管质量,只要盈利就行。除了充斥各种文学杂志的小说散文和诗歌,再加上那些媒体网络泡沫式的写作,真可以说是一场语言的灾难。现代汉语在当代至少遭到两次毁灭性的打击。头一次是从1949年至1979年,那是官方话语的一统天下,也就是我所说的"词与物"的关系几乎完全被固定了。第二次就是1989年到现在,由于商业化与意识形态的博弈

---

[1] 阿多尼斯(Adonis,1930—):原名阿里·艾哈迈德·赛义德·伊斯伯尔。叙利亚诗人、翻译家、画家。出版有诗集《风中的树叶》《大马士革的米赫亚尔之歌》《这是我的名字》等。曾获布鲁塞尔文学奖、马其顿金冠诗歌奖等多项国际大奖。

与合谋，造成词与物的严重脱节，如今的写作，如同"自生自灭的泡沫和无土繁殖的花草"。

◎ 阿多尼斯讲的阿拉伯诗歌目前的问题是："阿拉伯社会如何摆脱视诗歌为诱惑与迷误的宗教观念"、"如何摆脱视诗歌为歌颂、商品或消费的观念"。这抑或也是包括中国诗人在内全世界诗人遇到的问题？中国的特殊性又在哪里？

⦿ 他说的头一个问题与我们关系不大，中国基本上是个世俗社会，宗教的影响非常有限。第二个问题，那是包括中国在内的全球性的困境了。说到中国的特殊性，那就是自1840年以来外辱与内患构成了我们复杂的民族情结，而中国的经济崛起带来某种"盛世"的幻觉，这既是自上而下的，也是自下而上的。在这一幻觉影响下，物欲横流，众生喧哗，让本来就很有限的精神资源变得更加贫乏。在这样的大背景下，中国诗人面临更大的挑战。

◎ 你同时说"汉语诗歌走在现代转型的路上，没有退路，只能往前走"。这一"再生"，诗人能做些什么？或者还得寄托于外部环境？

⦿ 我想有必要把我在中坤诗歌奖获奖感言中的这段话

引全,以免产生歧义:"与民族命运一起,汉语诗歌走在现代转型的路上,没有退路,只能往前走,尽管向前的路不一定是向上的路——这是悲哀的宿命,也是再生的机缘。"关于汉语的现代转型,这是个大话题,在这里我只能简单说说。首先应该承认,现代汉语还是一种年轻的语言,远没有达到古汉语的成熟程度。放在世界横向的坐标轴上也是如此,比如用英语做参照。现代英语的转型可以说是从莎士比亚开始的,至今已有四百年了。我坐飞机经常随手抓一本英文间谍或侦探小说消磨时间,不管水平如何,你得承认,文字都还过得去,至少不会造成什么阅读障碍。反过来你去看看当今的中文小说,不用说畅销书,就是那些很有名的小说家的作品,几乎都难以卒读。在我看来,一种语言的成熟取决于两个基本条件,一是规范化,二是实验性,这两者是相辅相成的。就像舞蹈中重心与摆动的关系。在这个意义上,活在今天的汉语作家与诗人是有福的。这就是我所说的"再生的机缘"。

◎ 目前中国诗歌的问题,是否也与中国目前诗歌翻译的颓势有关?而不少西方学者可能认为,正是因为翻译的介入，中国文学包括诗歌失去了其中国性。
- 以前我还挺迷信这些西方学者，现在看来都是陈词滥调。恰恰是由于翻译的介入，文学才变得丰富多彩。甚至可以说，翻译文学是本国文学的重要组成部分。我的美国作家朋友（也是现在我的诗的译者）艾略特·温伯格说得好，翻译的黄金时代往往也是诗歌的黄金时代。关于中国诗歌翻译的颓势，我给你举两个例子。一个是由湖南人民出版社出版的丛书"诗苑译林"，总策划是老诗人彭燕郊。从1983年起到1992年止，在十年的时间共出书五十一种。包括《戴望舒译诗集》《梁宗岱译诗集》等。它是什么样的阵容？再给你举个例子，是自二十一世纪初以来，由河北教育出版社出版的"二十世纪世界诗歌丛书"。不用我多说，只要扫一眼，你就知道这两套丛书的天壤之别了。
◎ 而更多的人认为，中国当代诗歌与传统发生了断裂。
- 依我看，中国诗歌千变万化，只要仍用汉字，所有的"基因密码"都在其中。这就是我们和传统诗学的内在关联。不过断裂往往也是必要的，否则就会出现类似近亲繁殖的现象。

诗歌是我们生存的依据[1]

◎ 香港并没有内地那样的诗歌环境,为什么会在香港举办这样的国际诗歌节?

● 在香港办诗歌节的念头,和我这些年在海外的漂泊有关。自1985年起我就参加全世界各种诗歌节,大大小小至少有几十个吧。我觉得诗歌节这事儿挺好玩的,能把全世界的诗人凑到一块儿。目睹成功与失败的经验,一来二去,觉得要是有机会也不妨亲自试试。我在美国做过一次。2004年秋天,我在柏洛伊特学院(Beloit College)教书,那是在美国威斯

---

[1] 访谈者:《三联生活周刊》主笔王小峰。本文原发表于2011年11月23日《三联生活周刊》。实习生傅婷婷对本文亦有帮助。

康辛州的小镇，总共只有一千一百个学生，我和我的美国同事John Rosenwald（英语系教授、诗人）一起策划了"柏洛伊特国际诗歌节"。由于经费有限，我们只请了五位外国诗人，包括我在《时间的玫瑰》中写过的诗人艾基，他是楚瓦什（俄联邦共和国之一）诗人，从五十年代末开始用俄语写作。我认为他是当代最伟大的诗人之一。遗憾的是，他于2006年去世了。五位国际诗人，再加上我，那大概是世界上最小的诗歌节，但我认为却是世界上最成功的诗歌节之一，包括那几位应邀的诗人也这样看。小型诗歌节的好处是诗人之间可深入交流，而很多大型诗歌节往往组织杂乱，诗人之间甚至连打招呼的机会都没有。诗歌节高潮时居然有三百个学生来参加，相当于在校学生的三分之一。

当然也有失败的经验。我曾参与发起了"香港第一届国际诗歌节"。那是1997年初，香港回归前不久。诗歌节主题是"过渡中的过渡"（transit in transition），那个诗歌节其实请来不少世界级的大诗人，但当时香港人心惶惶，再加上宣传和准备工作不足，开幕式和闭幕式也就三四十人，还包括诗人自己，就跟诗人自己开派对差不多。

这正反面的两次经验很重要。2007年夏天我搬到香港，在香港中文大学教书，终于有了比较稳定的环境，于是蠢蠢欲动。2008年底，我们举办了纪念《今天》创刊三十周年的诗歌音乐晚会，从内地请来二十多位诗人和朋友。2008年秋天，我们主办了巴勒斯坦诗人穆罕默德·达维什的纪念活动。在"柏林文学节"的号召下，世界各地在同一天举办各种形式的纪念活动，大中华区只有香港和台北参加。[1]

我打算做进一步的尝试，就是在香港办一个真正的诗歌节——"香港国际诗歌之夜"。第一届"香港国际诗歌之夜"于2009年11月举办，获得成功。我们请来的诗人包括像盖瑞·施耐德这样的重量级人物，他是美国"垮掉一代"的精神之父，当代最重要

---

1 穆罕默德·达维什（Mahmoud Darwish，1941—2008）：巴勒斯坦民族诗人。巴勒斯坦国歌的词作者。诗作《我属于那儿》《身份证》《巴勒斯坦的情人》等在阿拉伯各国广为流传。2008年8月10日他辞世后，巴勒斯坦举国致哀，总统阿巴斯宣布，即日起三天为穆罕默德·达维什官方哀悼日。2008年10月5日，在柏林国际文学节的呼吁下，全世界数十个城市用多种语言举办诗歌朗诵会。为回应这一呼吁，《今天》杂志和《字花》杂志在香港尖沙咀美丽华中心商务印书馆举办专场朗诵会，播放关于达维什的纪录片，以音乐和各种语言，纪念这位伟大的诗人。

的美国诗人之一。第一届规模不大，加上我十三个，出乎意料的是，开幕式和闭幕式都有三四百人参加。
◎ 这次"国际诗歌之夜"和上一次相比有什么变化？
● 首先是资金。对于那些基金会来说，只要拿出像样的证据，诸如出版物、视频光盘、媒体报道，就能说明你有这个能力继续办好这个诗歌节。我们得到了两个私人基金会的支持，外加三个大学的合作，不仅资金没什么问题，人力资源也丰厚多了。此外，我们找到领事馆、航空公司、餐厅、私人会所等方面的赞助。心里有了底，我首先想到的就是诗歌节的出版物。在香港，诗歌出版少得可怜，诗歌翻译出版几乎是零。正是由于这种缺失，除了和第一届那样，出版一本多语种选集外，我们还为每位应邀诗人出了一本双语或三语的袖珍本诗选。现在回头看，这几乎是个疯狂的念头，我敢说，这是全世界所有的国际诗歌节没人敢做的。但我们终于做成了，也就是说除了大书，我们还出版了二十本小书，总共二十一本，而且都是设计精美的正规出版物。

除了"香港国际诗歌之夜"，从去年秋天起，我们又开始了另一个项目,"国际诗人在香港",这两个计划平行交错,相辅相成。"香港国际诗歌之夜"每两年一次,"国际诗人在香港"一年两次,每次请一位世界级的诗人。每位诗人在香港住十天到两周,举办一系列的诗歌活动。在到访前先由牛津大学出版社出一本精美的双语对照诗选,而且译者都是一流的。比如首位来访者是谷川俊太郎[1],译者是田原;第二个是美国诗人迈克·帕尔玛[2],译者是黄运特;第三位是俄国诗人德拉戈莫申科[3],译者是刘文飞;下一个是美国诗人盖瑞·施耐德,译者是西川。我相信,这套双语对照的丛书,无论从诗歌到翻译,都会有一种经典

---

1 谷川俊太郎(Shuntarou Tanikawa,1931—):日本诗人、剧作家、翻译家。十七岁出版了处女诗集《二十亿光年的孤独》,之后相继出版了《六十二首十四行诗》《关于爱》等七十余部诗集。有中日对照诗选集《春的临终》(牛津大学出版社,2010年)。

2 迈克·帕尔玛(Michael Palmer,1943—):美国诗人。先后出版过十部诗集,同时翻译过不少法国、俄罗斯和巴西的诗歌。2006年获美国诗人学会颁发的华莱士·史蒂文斯奖。有中英对照诗选集《疯子与扫把》(牛津大学出版社,2011年)。

3 德拉戈莫申科(Arkadii Dragomoshchenko,1946—):出生于德国的俄罗斯诗人。1969年后居于圣彼得堡。四十四岁才出版第一本诗集《天空的应和》。先后获得过安德烈别雷独立文学奖、后现代文化奖等奖项。有中俄对照诗选集《同义反覆》(牛津大学出版社,2011年)。

意义。

诗歌节的好处是可以引起人们的注意,但往往没有持续效应。而"国际诗人在香港"的优势,除了对诗人的作品进行分析导读外,还介绍该语种的文化背景和诗歌历史等。在诗人访港期间,我们组织一系列诗歌活动,除了和大中学生以及香港诗人交流外,还举办与诗歌工作坊成员的座谈会。

香港是个高度商业化的城市,存在各种各样的社会问题。但也自有它的种种优势,比如自由度。首先办诗歌节不需要政府批准,无人干涉,再有就是钱相对来说比较干净。这里钱与势是可以分开的,显然与基金会制度有关,有了基金会,有钱人对钱的去向和作用没有实际控制权,我们只对基金会负责。而就我所知的内地的类似活动,背后往往有一只无形的权力或金钱的手在操控。就这一点而言,香港有可能发展成一个大中华地区真正的国际文化交流平台,有可能成为汉语文化与文学新的"绿洲"。

◎ 从目前这两次"国际诗歌之夜"在香港的反应来看,它有什么效果?

● 对香港来说,当然还是非常有限的。据我观察,听众主要是大学生、文学爱好者、驻港的外国人,还有一些文化边缘人。虽然媒体有不少报道,但影响毕竟有限。必须意识到这是一条漫长的路。这两届"国际诗歌之夜"的重要性在于,诗歌终于在香港这座城市扎根落户了,而且创造了诗歌出版与翻译的奇迹,我希望这些袖珍本的诗选会逐渐出现在年轻人的口袋里。我有一个很固执的看法,即诗歌及其他经典与纸是不可分割的,在这个意义上,书永远不会消失。在组委会内部,我们最初有过争论,有人说何必出版呢,把这些诗放在网上,让学生通过iPad阅读吧。我坚决反对。在我看来,从网上只能获得信息,但是诗歌则与信息无关,甚至是反信息的。我想借助这次诗歌节做个实验,那就是让诗歌与纸重建古老的联盟。

◎ 你参加过很多诗歌节,这些诗歌节是怎么样的?

● 对诗歌的反应在全世界每个地方不同。比如在南美的反应简直算得上狂热。我去过哥伦比亚的麦德林参加诗歌节,尽管有心理准备,诗歌节开幕式还是让我大吃一惊,有上万听众参加,跟参加摇滚乐音乐会似的。除了开幕式,几乎每场朗诵全都爆满。

但那里人很穷，没什么人买诗集。诗歌在拉丁美洲的文化中扮演了非常重要的角色。这就是为什么南美会派诗人，比如聂鲁达、帕斯等担任大使。还有俄国。我这次跟刘文飞谈俄国文学，俄国诗集的销量总是高于小说的，这在别的国家很难想象。普希金在俄国的地位就跟神差不多，到处都是他的雕像，超过了所有国王的雕像。

关于诗歌边缘化的说法，简直成了陈词滥调。对于资本控制的大众流行文化来说，诗歌的确是边缘化的，但对于一个古老文明的内在价值来说，它就是中心。而诗歌要正视大众流行文化的现实，并在对抗中保持自己的纯洁性。

◎ 中国这些年社会变化，给你最直接的感受是什么？

● 中国诗歌得放在一个更大的背景下来看，和中国现代化的转型，和革命有密切的关系。中国人曾面临巨大的"失语"状态，所谓的"毛泽东文体"曾一度决定人们的表述方式、思维方式，甚至恋爱方式。我们经历过专制统治的黑暗时期，深知那种恐惧的滋味；而我认为商业化的时代更可怕，它是一个无所不在的怪物，首先掏空人的心灵，用物质生活的满足感取而代之。我想大部分年轻人失去了反抗能力，因为他们不知道反抗的是什么。教育也扮演了某种同谋的角色，让人从生下来就不再有怀疑精神。我曾打过比方，那就像流水线传送带，从生到死，一切几乎已被决定了。

◎ 刚才你说哥伦比亚，有那么多人去听诗歌朗诵，其他国家对诗歌的态度更接近中国还是哥伦比亚？

● 我刚才说的只是个别现象，比如俄国、拉美。诗歌的处境绝不仅在中国才有，而是一个全球化的现象。诗歌在中华文明史上扮演过多么重要的角色。中国诗歌出现过两大高峰。第一次高峰是在中国诗歌的源头，从《诗经》到《楚辞》；第二次是唐宋诗词的高峰，这个高峰离现在也有一千年了。中国诗歌日渐式微，尤其到了晚清，说来原因很多，比如始于隋唐的科举制度，在打破门阀等级选拔人才的同时，也把诗歌带进宫廷。到了明清，文化环境变得越来越恶劣，由于宋明理学确定儒家的正统地位，思想学术自由受到限制。再有严格的格律导致了形式僵化，以及书面语与口语的脱节等等。晚清的衰亡首先是文化的衰亡。"五四文学"则是受到进步主义的影响,用西方的线性时间观取代中国固有的循环时间观。但"五四"以来的新诗与传统之间出现了巨大的断裂,关键是无法把中国古诗中那特有的韵味用新的语言表现出来,口语就像白开水一样,并没有转化为真正的白话文。

回顾中国新诗史,有很多遗憾——我们总是从零开始。"五四"可以说是从零开始的,然后是左翼运动。奇怪的是,其实西方的左翼运动,比如法国和西班牙,产生了很多好诗,而中国的左翼运动留下的好诗就很少。我认为,自"五四"运动以来第一次诗歌高潮,是以两个刊物《诗创造》《中国新诗》以及团聚在它们周围的一批优秀诗人(主要是西南联大的学生)为中心的,即后来所谓的"九叶派"。那是中国现代主义诗歌的高峰,遗憾的是,作为文学刊物和团体,他们存活的时间太短了,因新的历史转折而被迫中断。1949年以后,这些人大多数改行搞翻译,这就又是一次断裂。可悲的是,在六十年代末七十年代初我们开始写作时,几乎不知道他们的存在。

再有,与古典诗歌不同,现代诗歌的复杂性造成了与读者的脱节。这和所谓的现代性有关——人类的自我质疑，势必造成阅读障碍，常常有人抱怨"看不懂"。八十年代初对"朦胧诗"的大规模批判，就是"懂不懂"的问题，这类责难至今还在。

◎ 过去是对诗歌的"懂不懂"，现在可能是"知道不知道"。

● 全球化是问题的关键。在此之前，我们完全不懂全球化是什么，直到它彻底改变了我们的一切。在全球化的背后是资本与权力的逻辑，它在操纵我们的文化、阅读以及娱乐方式。西方资本主义化经历了一个漫长的历程，而在这一历程中，诗歌往往扮演了对资本主义的批判角色，法国诗人波德莱尔就是个典型的例子。但在中国，从开放到今天的三十年，中国经历了从未有过的翻天覆地的变化。在全盘商业化的过程中，无论知识分子还是作家，几乎都没有足够的批判与抵抗意识。按理说，语言本来是全球化的最大障碍之一，但我们发现，全世界面临相似的语言危机。我在本届诗歌节的诗合集《词与世界》的序言中写道："如今，我们正在退入人类文明的最后防线——这是一个毫无精神向度的时代，一个丧失文化价值与理想的时代,一个充斥语言垃圾的时代。一方面,我们生活在不同的行话中:学者的行话、商人的行话、政客的行话等等;另一方面,最为通行的是娱乐语言、网络语言和新媒体语言,在所谓全球化的网络时代,这种雅和俗的结合构成最大公约数,简化人类语言的表现力。"

或许就在这样的时刻,诗歌反而站出来,担当重要的反抗角色。在这个意义上,诗歌非但没有边缘化,而是处在这个时代的中心,挑战并颠覆这两种语言给人类带来的新的困境。

◎ 诗歌用特有的语言传达一种特殊的情怀,全球化的动力之一是网络化,互联网对语言的破坏也是全球性的。

● 行话是一种陈词滥调,网络语言也是一种陈词滥调,乍看起来完全不同,但实际上是互补的。就像顾城所说的,语言就像用脏了的纸币一样流通。诗歌就是要用新鲜的语言,对抗这些陈词滥调。行话与分工有关,与我们的教育体制有关。艾伦·金斯堡说过,大学就是分类。他用的"分类"是动词。这的确是人类一个新的噩梦:让人成为分类的奴隶。这是个悖论，即在全球化横扫一切的时候，我们反而很难找到共同的东西，而是根据行业区分根据行话互相辨别的。这种新的巴比伦塔，与西方的"工具理性"有密不可分的关系，已经成为或正在成为我们教育的基础。在这个意义上，诗歌恰恰是对抗"工具理性"最有效的武器。再就是我们刚才谈到的网络语言，即所谓的新媒体语言。新媒体语言的问题在于粗鄙化、泡沫化，它表面上与行话正好相反，几乎打破了所有的界限，没有焦点，没有稳定的观念，只是在无数话题之间滑动，无法进行深入的讨论。行话和新媒体语言主宰我们的时代，甚至可以说，我们处在商业化时代的失语状态。在这个意义上，诗歌可谓生逢其时，应该重新找到自己的位置，就像它在专制主义时代，对当时语言的僵化提出挑战。

◎ 这种挑战迹象是否已经出现？

● 我写过一篇短文《致2049年的读者》，在这篇短文里，我提出中国文化复兴之梦。起因是四五年前在纽约，我和李陀、刘禾、西川等朋友，就当时正在上演的话剧《乌托邦彼岸》引起了一番讨论。那是一个英国剧作家写的[1]，时间跨度从1825年到1868年，将近四十年，主角是一批俄国的青年知识分子，大概也就十来个人，包括赫尔岑、屠格涅夫、巴枯宁、别林斯基等，他们经常聚在一起讨论问题。他们的生活很动荡，流亡、办杂志，正是他们互相砥砺激发，最终改变了俄国文化的景观。后来的"白银时代"就是这一高潮的延续。我们在纽约的讨论中提出这样一个话题，中国有没有可能通过少数人的努力与合作，推动一场民族文化的复兴运动？这个念头让我们都很兴奋。

我们这几年以《今天》杂志为平台，做过一些尝试。我们意识到，在与西方作家或学者对话时，难免会落入西方的语言陷阱中。为了走出西方话语的阴影，必须找到别的参照系。两年多前，我们开始了中印作家的对话，第一轮在印度，第二轮在中国，下个

---

1 汤姆·斯托帕（Tom Stoppard, 1937— ）：英国剧作家。出生于捷克，在躲避战祸辗转新加坡、印度等地后，1946年随继父迁移至英国。1977年斯托帕返回捷克，震撼于东欧国家残存的政治乌托邦。2002年，他推出话剧《乌托邦彼岸》，该剧由"航行""失事""获救"三部组成，描写十九世纪激荡在俄罗斯乃至整个欧洲上空的革命风云。

月我们再去印度,进行第三轮对话,让中印作家的对话不断深入。在第一轮对话时,印度学者南迪说:这是自佛教传入中国以来,印中之间第一次深入的文化交流。我们下一步打算继续远征,比如中国和土耳其作家之间、中国和埃及作家之间、中国和俄国作家之间的对话。这种远征不仅开阔视野,又包含某种自我反思,比如我们在当今的文化中失去了什么。

另外正在进行中的两个翻译项目是"今天丛书",即把中国当代最优秀的诗歌译成英文和法文,每套十本,双语对照。英文丛书已出了三本,包括于坚、翟永明和欧阳江河的诗集。我们特别强调选本的重要和翻译质量的可靠。另外,《七十年代》也是我们整个计划的一部分,李陀和我正在编第二卷。再有,我们打算在《今天》明年(2012)春季号,推出一批中国优秀作家与诗人的重要作品,包括格非的中篇、刘禾的纪实文学和李陀的长篇选章,以及欧阳江河、翟永明、西川和我的长诗或组诗。这将是中国文学的一个重大事件。作家和诗人关键还是要靠作品说话,我希望通过集体亮相,改变目前中国文学写作的沉闷状态。再回过头来说,"香港国际诗歌节"也是这整体构想的一部分,让诗歌在居住地扎根。

◎ 苏联和中国都经历了经济体制上的变革,但诗歌今天在俄国还很受到尊重,为什么它没有像在中国这样受到冲击?

● 这个可能跟俄国知识分子的宗教情结有关。俄国的知识分子,特别是那些思想家,比如索洛维约夫[1],正是用东正教的思想和文学的神秘感对抗西方的工具理性。除了知识分子传统,我认为和这个民族的青春与血性有关。跟中国相比,俄国是一个相当年轻的国家,俄语存在还不到一千年。我常常感叹,我们这个民族太老了,这就是为什么自晚清以来,有人提倡"少年中国"的原因。我们缺少的正是这种少年精神。

◎ 实际上现在的文学创作失去门槛也是诗歌失去它神圣地位的原因之一。

---

1 索洛维约夫(Vladimir Solovyov,1853—1900):俄国哲学家、神学家、诗人。提出"自由的神智学"。认为万物是"一统的存在",只能被"完整的"知识所认识,而"完整的"知识是神秘的、理想的(哲学的)与经验的(科学的)知识的综合,因此神学、哲学与科学应该统一。主要著作有《完整知识的哲学基础》等。

● 自二十一世纪以来,我们进入一个文学民主化的时代,后果是挺可怕的。特别是新媒体的出现,每个人都成了作家,这几乎是一种灾难。现在用不着把手稿锁在抽屉里,一锁几十年。我这三四年一直在做网站,虽然我自己不开博客不开微博,但我非常关注网站上人们的写作经验。在我看来,文学是一种"语言的冒险",需要沉潜、焦虑、克制和等待。而网络写手得到的往往是即刻的满足,但这种满足同时也是一种伤害,因为这种满足太小了,立即释放了,就跟抽一支烟差不多。至于微博的出现,以及微博伴随的"粉丝"现象,对语言的冲击更大。新媒体写作还有一个潜在危险,就是把人心的恶发泄出来,这和匿名或隐身有关。你常常会碰到一个人,在生活中是一个样儿,在网络中又是另一个样儿,完全对不上号。

诗歌何为?这个古老的命题或许有了新的意义。在与行话和网络语言的对抗中,诗歌不仅是武器,也是我们生存的依据。

越过王朔向老舍致敬[1]

◎ 你在《城门开》的序言和访谈中都提到，回忆不是怀旧，其实是对抗、否认今天的北京，甚至是今天的中国——城市首先以物理的形式大规模消失，变得相似而丑陋。除了现实意义，也有以文学及个人经验，对抗权力、现实的感觉吗？

● 我想起俄国诗人曼德尔施塔姆《列宁格勒》一诗的开头："我回到我的城市，熟悉如眼泪，如静脉，如童年的腮腺炎。"《城门开》这本书的写作首先是对我个人的意义——离开故乡二十年，召唤那些回忆

---

[1] 访谈者：专栏作家郭玉洁。本文原发表于《经济观察报·书评增刊》，2011年1月号。

的细节如同召唤生命,让我百感交集,其实最主要的还是惊喜,我发现,生命的"过去时"也是"现在时",这种共时性构成了文字的张力。至于所谓现实感和社会意义,那是文字背后自然延伸的部分,往往是通过阅读与阐释才得以展现的。等到《城门开》出版后,我才找来王军的《城记》等书,试图梳理一个城市变迁的政治和历史背景。文学的主要功能并非判断和总结,而是呈现。

◎ 这本书的结构看起来是从光影、气味、声音等先建造起城市的可感的环境,然后再进入个人经历的回忆,这是刻意设计的吗?你曾经提到,今天的年轻人对细节十分迟钝,这是每个年代都会有的问题吗,还是今天的问题?

● 我在为《财经》(后跟着去了《新世纪周刊》)写专栏时有过整体设想,就是采用一种开放式的结构,每篇既独立成章,又彼此呼应。关于光影、气味、声音的篇章不是最早写的,而是在结集成书时编排的。这多少有点儿像孩子玩的拼图游戏,如果换一种编排顺序,大概会有另一种效果。我说过,我们生活在一个没有细节的时代。这恐怕与新媒体的主宰有关——动漫、电玩、网络语言，在一个超越地域种族的虚拟空间中，与物质世界的接触越来越少了。最近跟一位朋友聊天，他说，谁还注意到蚂蚁呢？即使污染再重，城里的蚂蚁依然存在，可人们早就视而不见了。

◎ 现当代文学史上，很多作家在文学中创造了自己的北京，比如老舍、王朔，你觉得你和老舍的北京、王朔的北京的区别是什么？

● 要说每个人都有自己的北京，但对作家来说，只有文字呈现的北京才有意义。老舍无疑是书写北京的大师。说到区别，如果说老舍写的是革命前的老北京，王朔写的是革命加青春暴力的北京，那么我希望我关于北京的文字是越过王朔向老舍致敬。

◎ 抛开破坏的部分，也有很多人提到，这些年的全球化，正在让北京变成一个最有意思和活力的地方。不同的文化、经验在这里融合，创造出新东西，充满可能性，比如，就有人把北京比作纽约，你怎么看？

● 我离开二十多年了，对当今北京的变化是没有发言权的。不过我相信，作为首都，作为文化中心，北京肯定是中国最有活力的城市。但我不认为它和纽约有可比性,纽约毕竟是个国际大都市。作为国际大都市的主要特征之一是多民族、多语种、多文化的混杂与共存。

◎ 另一个问题是关于语言。提到北京,都会以北京话为重要的风格,但你并不是这样的,很难在你的语言中感觉到"北京味",这是你个人语言风格原本就如此吗?

● 这首先和我在"大院"的成长经验有关。我在书中说到"大院"与"胡同"的区别,"大院"说的不是"北京话",而是"普通话"。再有,我刻意保持书面语与口语之间的距离,因为口语变动性大,书面语则有某种相对的稳定性。

◎ 除了写北京,这本书也涉及如何处理历史的问题。对于我——一个"文革"后出生的年轻人来说,比较清楚、甚至不用经过思考就进入大脑的,是关于饥饿的记忆;比较陌生的,是红卫兵的部分。对我们这一代来说,这个部分好像没有搞清楚过。一方面是后者可见的资料少,有些叙述又有浪漫化的嫌疑,比如《阳光灿烂的日子》,关于特权、高干子弟、红卫兵,这些问题没有被好好梳理和讲述(或者说没有被好好阅读?),尤其是北京四中的故事;另一方面,对我来说,这也涉及如何理解父母这一辈。我父亲是"老三届",出身贫下中农,"文革"中是中学团委副书记。我曾问过他,有没有打过自己的老师?他说当然打过。我当时很难接受他的语气,听起来他并没有反省,我有点愤怒,但是又不知道该说什么,这并不是因为他是一个好父亲、好兄长、好儿子,而是因为他们(包括我母亲)毫无疑问也是那个年代的牺牲者。你怎么看待这一连串的问题,包括个人在那个时代要承担的责任。

- 这是一个太大太复杂的话题了。目前关于"文革"的论述,往往过于简单化或概念化,有太多的误导,比如"伤痕文学",就是由官方定调的误导方式。以致如今再想"还原"那段历史,变得难上加难。关于"文革",我认为有必要强调个人史的重要性,强调第一手资料的重要性。"文革"的复杂性,甚至远远超过了法国革命,任何结论都为时过早。我和我的两位同学正在编一本书《暴风雨的记忆》,这是我们十几位中学同学对六十年代中后期所在的北京四中的集体回忆。这本书大约明年春天问世。我把其中部分篇章拿给朋友看,他们都感到非常震惊。关于一所中学的个案研究,有极其丰富的史料价值。我相信你看过此书,就会比较容易理解你父亲和他所处的那个特殊的时代了。

◎ 在写父亲的时候,你提到他曾做过冰心的思想改造工作,又在后来的采访中批评了章诒和,这一段后来引起了一些争议,有些人认为冯亦代等,包括你父亲,是做了"政府的帮凶",而你对他们的理解就是在为他们辩护,所以有人宣称再也不看你的东西了。我觉得这种批评意味着很多人并不能历史地看待那一代知识分子,而是立刻选择政治立场,但这样的人不仅不在少数,而且他们常常都站在貌似正义的那边。我做一个冒昧的假设,也许他们曾经热情地读过你的诗,是什么使你们分道扬镳?

● 这个问题我已经说过了,不想再重复。作为一般读者,选择某种简单立场是可以理解的,但作为作家或知识分子,则不应该有任何预设立场,把历史作简单化的处理就等于犯罪。在中国现代化转型的舞台上,有过多少戏剧性的变化,回头望去,依然惊心动魄。我们不得不承认,在很长一段时间里,"革命"就是正剧,冯亦代、我父亲,甚至连章伯钧、谢冰心都相信这"正剧"的合法性,尽管角色各有不同。我不在乎别人的议论或谩骂,作者和读者有相遇也就有分离,重要的是对历史、对自己必须坦诚。

我的记忆之城[1]

◎ 新书《城门开》开篇你引了一首童谣,"城门城门几丈高,城门城门开不开",你的北京记忆是从哪里开始的?

● 让我们先看看这首童谣:"城门城门几丈高?/三十六丈高!/上的什么锁?/金刚大铁锁!/城门城门开不开?/不开不开!/大刀砍?也不开!/大斧砍?也不开!/好,看我一手打得城门开/哗!开了锁,开了门/大摇大摆进了城。"开篇我只引用了童谣的前一半。在我看来,开不开,从外开还是

---

[1] 访谈者:香港出版人林道群。本文原发表于2010年8月8日《苹果日报》和2010年10月1日《南方周末》。

从里开，完全是两码事。序言以"我的北京"为题，也就是说记忆才是这城市的主人，而记忆恰好是从内部打开城门的。

◎ 你的文章是回忆，其中有没有用文字"修复"一座"被毁掉"城市的心意？

● 与其说是用文字"修复"，不如说是"哀悼"。我希望读者不要误解，以为我在美化我童年青少年时代的北京，其实那是一个缓慢的毁灭过程，只不过远没有到后来这二十年的疯狂程度。或者可以说，我是即将消失的北京的最后见证人之一。我猜想，一个九十年代出生的孩子，大概认为北京就是现在这样，天经地义，一个古城只是谣传而已。其实根本不止是北京如此。前几年也去过我的祖籍湖州和绍兴，以及上海、苏州，我相信这种毁灭是全国性的。特别是绍兴，那是我头一次回老家，失望之极。哪儿还有鲁迅笔下的那种韵味儿？就连鲁迅故居都像是仿造的。我认为，不仅我这样的异乡人在自己故乡迷失了，所有不聋不傻的中国人全都在自己故乡迷失了。

◎ 中国文化史上也有一些用回忆来复原文化名城的例

子，一代文物的倾毁反而成就了文学的不朽，文学又反过来令文物增添了传奇的吸引力。你怎样看待这种政治与文学的关系？

- 我既没有文学不朽的野心，也没有考古热情，何况北京作为城市算不上什么文物，人们至今还住在其中。我只是希望我们从紧迫的节奏中停下来，哪怕片刻也好，反观我们的生活，看看在所谓现代化的进程中，我们到底失去了什么。写此书的另一个目的，是借助文字追溯我的童年和青少年，我生命的开始，很多事都是在那时形成或被注定的。这与政治无关。从某种意义来说，政治是抽象的，我写的却非常具体。

◎ 佛教说，末法之后，会有弥勒佛重新降世。如果以这作为比喻，你认为中国的文化还会有在这一片废墟中重新再生的可能吗？

- 借用佛教术语中的"末法"，对于基本上是世俗社会的中国，容易引起误解。中国的问题本来就复杂，放在世界的棋盘上就更复杂了。对于一个古老文明再生的可能，我是比较悲观的，在人类历史上，似乎还没有先例，苟延残喘就不错了。不过话又说回来了，对于一个用中文写作的人，只能相信中国文化与文学起死回生的能力。这是作家的信仰。

◎ 你在写作《城门开》时是否想过在北京这座城市和您的生活间做一个区分？哪一部分更令您着迷？

● 就我的成长经验而言，城市与人事是不可分割的，有某种镜像关系。在这个意义上，我并没有刻意写城市，而所有大小事件都折射出城市的变迁。至于说哪一部分最让我着迷？细节，正是个人的可感性细节，如同砖瓦，让我在纸上重建一座城市。

◎ 光和影，味道和声音，你一开始三篇写的这些显然都是难以言传的细微之物，这些能说是悠长岁月仍留在你身上的感受吗？这种类似于化学作用的感受对你接下来写到的人物和情节发挥的作用大吗？

● 我们生活在一个没有细节的时代。我在大学教散文写作，让学生写写他们的童年，发现几乎没人会写细节。这是非常可怕的：意识形态化、商业化和娱乐化正从人们的生活中删除细节，没有细节就没有记忆，而细节是非常个人化的，是与人的感官紧密相连的。正是属于个人的可感性细节，才会构成我们所说的历史的质感。如果说写作是唤醒记忆的过程，那么首先要唤醒的是人的各种感官。这也就是你提到的化学反应，与诗歌中的"通感"近似。以这三篇开头，是为了让感官充分开放，甚至强化放大，这是我的记忆之城的基础。

◎ 用文字重建一座城市，你这个文字北京城市的结构是怎么样的呢？也即是说全书的篇章是怎么样铺排的？

● 这是个很有意思的问题，涉及面很广。简单来说，北京城的结构和汉字的结构有共同之处，比如方向感，正南正北，横平竖直；再就是封闭性，老北京过去叫四九城，"四"指城墙，即外城、内城、皇城、紫禁城，"九"为内城的九个城门，与汉字的结构不谋而合。对北京来说，城中之城是权力的中心。而汉字本身就有某种权力意志，这恐怕是为什么中华文明，或所谓的"大一统"能持续如此之久的原因之一。我刚去过马来西亚，那里到处写汉字，而且是非常地道的书法，要说那是他国异邦，可当地华人正是通过汉字维系文化认同的。这个话题扯远了，只是假说而已，需要进一步探讨。至于全书的篇章铺排，并不是按线性时间展开的，每章可独立成篇，自成系统，很像汉字或北京四合院，彼此呼应，在互相勾连拼接中产生更深的含义。

◎ 你读过帕慕克[1]的《伊斯坦布尔：一座城市的记忆》吗？帕慕克说伊斯坦布尔美景之美在其忧伤。你说回到北京发觉面目皆非，伤感于联系着自己成长经验的北京不复存在。你说完全陌生的是指什么呢？

● 读过《伊斯坦布尔》，也去过。伊斯坦布尔是一座横跨欧亚的美丽古城。我认为帕慕克所说的忧伤与古老文明的兴衰有关，包括拜占庭和奥斯曼帝国的兴衰。北京和伊斯坦布尔有相似之处，首先也是一座美丽的古城，再就是与一个古老文明的兴衰息息相关。但相比之下，伊斯坦布尔保存得相当完好，而老北京却几乎荡然无存，这不是什么忧伤，而是绝望。我认为，近一个多世纪以来，我们被"进步"、被所谓的现代化基本上给搞疯了。这首先跟自鸦片战争以来列强入侵所造成的民族屈辱有关，也和革命所带来的盲目性

---

1 奥尔罕·帕慕克（Ferit Orhan Pamuk, 1952— ），土耳其作家，2006年度诺贝尔文学奖得主。帕慕克于1974年开始创作小说，1982年发表首部小说《塞夫得特州长与他的儿子们》。他的作品已被译成四十多种语言出版。文学评论家们对他的赞扬很高，把他和一些大师如托马斯·曼、卡尔维诺等相提并论。

及粗鄙化有关。北京在这半个世纪以来,特别是近十几年的变化,可以说是毁灭性的。如果当代人浑然不知,再过五十年一百年回头看看,那就是犯罪。而一座古城毁了就是毁了,是不可能重建的。现在的北京和别的亚洲大城市还有什么区别?不过是现代化博物馆中的一个新标本而已。听说还有人打算把北京改造成所谓世界上第一流大都市,脑袋肯定出了毛病,他们的标准是什么,大概是迪拜吧。你知道,迪拜在沙漠中建室内滑雪场,养一棵树每年的成本是两千美元,比养个人还贵。

◎ 在《城门开》中你不止一次写到少年时常出门远足,用脚丈量北京。你的北京地图一直都存在吗?你的北京地理地图是怎么样的?这地图和你的生命疆域又是怎么样的互相推进关系?

● 小时候没钱,主要靠双脚走天下,走十里二十里是常事。一个行走的城市和骑车乘车甚至开车的城市是完全不同的,充满了可感性的细节。在故乡,人是有方向感的,不会迷路。再说北京是个方方正正的城市,也不容易迷路。可我前些年回去,在自己的故乡完全迷失了,连家门都找不着。说到我的北京地图，是完全属于我个人的，带有某种私密性质。在这张地图中，首先是我家，然后是我的小学、初中和高中，我父母所在的单位，还有我和同伴行走的路线。这是我生命旅途的开始。我曾在《旅行记》中写道："一个人行走的范围就是他的世界。"八岁那年我跟母亲去上海看外公，那是我头一次离开北京。这次旅行对我来说很重要，距离感让我对故乡有了新的认识，而我的北京地图也发生了变化，可大可小，小到只不过是一张更大地图上的圆圈而已。从那一刻起，我时常梦想离开北京，走得越远越好。这愿望实现了，以致到了回不去或根本不想回的地步。

◎ 回忆尤其是文学家的记忆，常被理所当然地读成作家的自传。你好像并不认为《城门开》是文学自传。当然你写的空间、瞬间、人物都不像传记文学般有顺序、有较为完整的生活流动过程。但能不能说，你写的都是记忆的真实？

● 按体例讲，这是一本关于童年和青少年的回忆录，但又不完全是。比如它没有一般回忆录中的编年史性质。其实这本书有两个主角，一个是我，一个是北京，或者说，这两个主角中，我是显性的，北京是隐性的，关于我的部分，有明显的自传性，关于北京，则带有外传或传说色彩。至于记忆的真实性，这不应在文学的讨论范围内。

◎ 就篇幅而言，《北京四中》《父亲》两文比其他的篇章大得多，有特殊的原因吗？

● 你说得对，这两篇在书中的分量最重。北京四中是我人生的转折点——既是我童年、青少年时代的结束，也是我走向生活的开始。我在那里经历了"文革"，也因"文革"中断了学业，我从那里获得正规教育以外的读书经验，并开始写诗。要说还是《父亲》难度最大，我一直设法回避，拖到最后才不得不完成。在中国文化背景中，父子关系是整个社会权力结构的支撑点之一，要想梳理这种复杂性实在不易。再有从儿子的角度，如何写出一个真实的父亲，这更具有挑战性。我为写《父亲》，不仅付出大量的时间和精力，更多的是感情的消耗。完稿后精疲力尽，如释重负。我甚至认为，我和父亲在这篇文章中最终达成了和解。

◎ 《北京四中》在杂志连载时曾引起一些人的特别关注，你是否认为，文章所记的"文化大革命"时的

"你们有笔杆子,我们有枪杆子,看将来是谁的天下",现在已到了作一个了结的时候?

- 北京四中在中国当代政治中扮演了特殊角色,今天回头去看就更加清楚了。我在《北京四中》一文开始就指出,有两个四中,一个是高干子弟的四中,一个是平民子弟的四中。这种分野被刻意掩盖了,而"文革"撕掉这层伪装,一切都变得赤裸裸。因所谓"血统论"所造成的创伤至今都未愈合。他们在"文革"后期扬言:"你们有笔杆子,我们有枪杆子,看将来是谁的天下?"四十年过去了,看来此话至今有效。人都会犯错误,但关键是他们对当年的所作所为有过半点儿反省吗?

- 据知你对于去年章诒和指控黄苗子和冯亦代等老先生是思想改造时期共产党的"卧底"[1],不以为然。你书中《父亲》一文特别写到父亲做冰心思想改造工作的往事,按你说,我们该怎么样看待国家对知识分子的思想改造?

- 章诒和还是挺会写东西的,她的第一本书《最后的

---

[1] 指章诒和《谁把聂绀弩送进了监狱》和《家有卧底冯亦代》两篇文章。

贵族》我认真读过,并为她的坎坷身世所感动。但那时就意识到她写作中的问题,比如她对那种恩赐的"贵族"地位津津乐道,对她父亲的历史过度美化。而她后来的作品问题越来越严重。特别是写冯亦代的《家有卧底冯亦代》。我恰好与冯亦代相熟,写过纪念文章《听风楼记》。冯亦代在生前出版了他的《悔余日录》[1],这本书的出版就是深刻的自我反省,是对历史负责的勇敢行为,结果竟成了章最后审判的主要线索,她用春秋笔法把冯写成居心叵测的小人、十恶不赦的历史罪人。我在《父亲》一文中,也写到我父亲的类似所为,按章的逻辑,他也做过"卧底",为组织收集谢冰心的言行。如果我们不还原历史,就不可能理解到底发生了什么。这涉及知识分子和革命的复杂关系,如果没有中国知识分子(包括章伯钧)的全力支持,这场革命是不可能成功的。革命成功后,大多数知识分子是欢迎革命的,并与革命全力合作,他们真心希望通过思想改造适应新社会。这种思想改造主要有两种形式:一、自

---

[1] 冯亦代《悔余日录》(河南人民出版社,2000年)。

我批评式的思想汇报；二、与组织配合，说服别人进行思想改造。这两种方式往往交错进行。由于对组织的忠诚与信任，并没有什么心理障碍。这在冯亦代的《悔余日录》中是显而易见的。按章诒和的逻辑，第二种就是"卧底"。冯亦代到了章的笔下，变得极其猥琐、苟且偷生、卖友求荣。要知道，大多数知识分子与革命的分道扬镳是后来的事，是由于对不同的政治运动的整肃（特别是"文革"）感到深深失望才开始的。

我认为这世上有一种病，我称之为"专制病"，独裁者和被压迫者都会染上，且无药可救。得了这种病，无论是独裁者还是被压迫者，彼此相像，互为回声。他们的基本思路完全一样，就是把所有问题简单化，黑白分明，六亲不认，还底气特别足。我在海外见过不少这样的人。一旦碰上，我转身就走，绝对不和他们理论，除了白费口舌，弄不好还会惹来杀身之祸。可也怪了，在今天，你发现这种"专制病"患者越来越多。

用"昨天"与"今天"对话

谈《七十年代》[1]

◎ 那个时候由于思想备受钳制,人似乎更关注国家大事、关注社会前途,更愿意反思。今天思想环境比较宽松,愿意反思的年轻人反而少了,这是为什么?两个时代里的独立思考能力哪个更可贵呢?

● 这似乎是历史与个人的悖论。我曾说过,要想战胜压制你的时代,就得变得比它更强大才行,这样反而会激发一个人的能量,包括激情与才华。而在一

---

[1] 访谈者:《时代周报》记者陈炯。本文原发表于2009年8月26日《时代周报》。《七十年代》系由北岛、李陀主编的回忆文集。收录三十位亲历者对七十年代的记忆性文字,这些记忆文字不仅来自当年看禁书、办沙龙的高干子弟,也来自糊里糊涂成为"四五"运动领袖的工厂工人,同时也有"海碰子"和往往被遗忘的农民。2008年牛津大学出版社推出该书的繁体字版,次年生活·读书·新知三联书店推出简体字版。

个相对宽松的时代,没有危险没有挑战,反而没有像我们那种存在的迫切性。这是我们编《七十年代》这本书的意图之一,也就是李陀所说的"用昨天与今天对话"。在某种意义上,所有的历史都是当代史,人们往往只有借助历史的镜子,才能看清自己当今的存在。

◎ 那个时代人的各种美好品性——爱读书、善思考、"胸怀祖国放眼世界"等,是因为那个时代本身很"纯粹",还是因为年轻人的素质本身就比今天要好?否则如何解释随着七十年代落下帷幕,很多知识分子(包括书中的作者)立刻转投于与当年兴趣无关的行业?曾经的理想主义迅速变成实用主义,很多"纯粹"的过来人也立刻不"纯粹"起来?

◉ 其实,每代人有每代人要面对的问题,很难用所谓"素质"做比较。我们那代人的成长经验很特别,可以说"前不见古人后不见来者",由于正规教育中断,特别是底层生活的阅历,使我们偏离了几千年的文化传统。这有坏处,也有好处,好处是我们这代人对一切结论都怀疑,而这怀疑构成了一种特殊的精神财富。再者,在七十年代,个人命运与国家甚至世界的命运连在一起了。胸怀祖国放眼世界，绝不仅仅是一句口号，而是我们当时面对的现实。至于我们这一代的转化与分裂，其中有时代的局限，比如由于知识准备不足，造成精神能量缺乏爆发的持久性。正如你所说的，很多人跟着潮流转向了。环顾我当年的朋友们，不少都成了体制与金钱合谋的刀下"新鬼"，真让人痛心。反过来说，这也算是大浪淘沙吧，至少有不少人依旧坚守理想，并保持独立的立场和人格。

◎ 读完这本书发现，很多作者回忆自己七十年代里阅读的书，大多是西方的文学、哲学、美术，为什么那个时候知识分子对西方文化更感兴趣？这种选择，是否也会对中国传统文化的传承产生影响？对"国学"一直衰弱至今是否有影响？

● 这确实是当时的普遍现象，即以阅读西方文史哲的书为主。首先，这些书在当时多是禁书，反而激发了我们的好奇心；进一步来说，这背后有更深刻的历史原因，就像"五四"运动，往往要借助外力来反"传统"。我们当时处在某种带有强制性的"革命传统"的束缚中，要挣脱这束缚，就要借助完全不同的文化资源。这在其他文化的造反运动中也是常见的。比如,美国的"垮掉一代",借助的是禅宗或喇嘛教,来反抗西方以基督教为基础的主流文化传统。关于"国学",这个提法本身就有很大的问题。我看我们就不在这儿讨论了。

◎ 您在接受《广州日报》采访时,概括七十年代的词是"早熟与独立"等诸多美好的词;这让我想到我们对90后用词多是"脑残""娇气""大手大脚"等负面词,人们是否总是不经意间看高了自己这代人,而看轻了其他相邻的一代人?七十年代难道只会让那个时代的人"早熟独立"而没有任何负面影响么?

● 恐怕任何人都有美化自己时代的倾向,这也是人之常情嘛。但我们编《七十年代》这本书绝不是为了怀旧,这一点李陀在序言中已经说得很清楚了,用不着我再重复。其实在我心中期望(这不一定代表李陀)的主要读者是七十年代以后出生的年轻人。换句话说,既不是忆苦思甜,也不是说教,而是和他们建立一种平等的对话关系。说到年轻一代,不能用"脑残"这样的网络词汇戏谑化、简单化。在某种意义上，他们比我们当时的处境更难。在一个娱乐与消费的时代，一个媒体掌控话语权的时代，一个体制与金钱合谋的时代，他们面临巨大的迷失，这甚至也是整个社会的迷失。我们当年也迷失，但由于压力比较直接，反而容易辨认反抗的目标，找到走出迷失的方向。而如今的压力是无形的，是来自各个方向的，这种迷失往往更让人绝望，更无所适从。如果《七十年代》能为他们提供一面镜子，一种精神向度，一种价值参考，意识到迷失的困境并找到精神出路的可能，作为编者我们会感到欣慰。我女儿是1985年出生的，十岁到美国，现在又回到北京居住工作。我们之间常常会讨论很多人生与社会问题。我在编《七十年代》的时候就会常常想到她，果然这本书对她的震动很大。这就是我们之间对话的一种延续。

◎ 历史回忆之所以需要让人提防，是因为人们总倾向于把个人的恶归咎于时代，将时代的善专美为个人。《七十年代》是我读过的很客观中立的一本历史回忆的书，作为编者，您觉得那一代知识分子优缺点是什么，与那一个时代的关系究竟是怎样的？

● 李陀的序言中用了很大的篇幅探讨知识分子问题，他讲得很全面很透彻，我很难再说出什么新鲜东西。说到客观中立，我们虽尽力而为，但《七十年代》这本书还是有一定的局限性，比如作者大多集中在大城市，尤其是北京上海；再有，虽说一开始我们就设法避免家庭背景和社会阶层的单一化，但还是存在明显的不足。我们正着手编《七十年代》下一卷，约稿范围有明显的变化，比如注重边远地区和少数民族，并希望让更多不同社会阶层的人来参与这一历史叙述。正如李陀在序言里所说的，七十年代并非知识分子专有。当然在编辑过程中，还有一些技术性问题需要解决。但无论如何，我们会继续编下去，争取编成多卷本，并在编辑过程中不断作出调整。我相信，《七十年代》会不断展开一幅特殊的历史长卷。

八十年代访谈录[1]

◎ 访谈阿城的时候,他说八十年代是一个"表现期",各种思潮的酝酿其实贯穿整个七十年代,比如下乡知青当中,各种交流一直相当活跃。能不能请你也先勾勒一下八十年代之前你和你周围朋友的大致生活轮廓?先说你自己吧。你生长在北京,父母是知识分子还是干部?他们在"反右""文革"中受过冲

---

[1] 访谈者:作家查建英。本文原刊于2006年香港牛津大学出版社和生活·读书·新知三联书店出版的《八十年代访谈录》,因部分访谈内容与其他访谈重复,在此有所删节。《八十年代访谈录》是由作家查建英主编的一本围绕"八十年代"情境及问题意识的对话录,书中谈话对象多为八十年代引领潮流的风云人物,如北岛、阿城、刘索拉、李陀、陈丹青、崔健、田壮壮等,领域涉及诗歌、小说、音乐、美术、电影、哲学、文学研究等。

击吗？

● 我出生在一个普通家庭，父亲是职员，母亲是医生，他们在政治上基本随波逐流，虽在"文化大革命"中受过冲击，但还算是幸运的。我同意阿城的说法。如果八十年代是"表现期"，那么七十年代就应该是"潜伏期"，这个"潜伏期"要追溯到六十年代末的上山下乡运动。1969年我分配到北京六建，到河北的山区开山放炮，在山洞里建发电厂。而我大部分同学都去插队了。每年冬天农闲期大家纷纷回到北京。那时北京可热闹了，除了打群架、"拍婆子"（即在街上找女朋友）这种青春期的疯狂外，更深的潜流是各种不同文化沙龙的出现。交换书籍把这些沙龙串在一起，当时流行的词叫"跑书"。而地下文学作品应运而生。我和几个中学同学形成自己的小沙龙。

◎ 你曾经在一次访谈中说："自青少年时代起，我就生活在迷失中：信仰的迷失，个人感情的迷失，语言的迷失，等等。"那么，你曾经有过一个虔诚的信仰期吗？是什么经历触发了这种迷失感呢？请谈谈你的少年时代。

⊙ 我曾很深地卷入"文化革命"的派系冲突中,这恐怕和我上的学校有关。我在"文化大革命"前一年考上北京四中,"文革"开始时我上高一。北京四中是一所高干子弟最集中的学校。我刚进校就感到气氛不对,那是"四清"运动后不久,正提倡阶级路线,校内不少干部子弟开始张狂,自以为高人一等。"文化大革命"一开始,批判资产阶级教育路线的公开信就是四中的几个高干子弟写的,后来四中一度成为"联动"("联合行动委员会"的简称,一个极端的老红卫兵组织)的大本营。我们也组织起来,和这些代表特权利益的高干子弟对着干。我记得王绍光的博士论文专门讨论所谓"文革"派系冲突背后的群众基础。记得当时那些联动的头头就扬言,二十年后见高低。现在他们中许多人果然进入商界政界,成为"栋梁"。除了阶级路线的压力外,由于我数理化不好,"文革"对我是一种解放——我再也不用上学了。那简直是一种狂喜,和革命的热情混在一起了。"虔诚的信仰期"其实是革命理想、青春骚动和对社会不公正的反抗的混合体。由于派系冲突越来越激烈,毛主席先后派军宣队、工宣队进驻学校控制局势。最后他老人家干脆把所有学生都送到乡下去,这一决定,最终改变了一代人——中国底层的现实远比任何宣传都有说服力。我们的迷失是从那时候开始的。

◎ 那时最喜欢读哪类书?有没有对你的人生观和后来写作发生重大影响的书?

● 在上山下乡运动以前,我们就开始读书了。那时受周围同学的影响,读的都和政治、历史、经济有关,准备为革命献身嘛。当建筑工人后,我的兴趣开始转向文学。当时最热门的是一套专供高干阅读的内部读物,即"黄皮书"。我最初读到的那几本印象最深,其中包括卡夫卡的《审判及其他》、萨特的《厌恶》和爱伦堡[1]的《人·岁月·生活》等,其中《人·岁月·生活》我读了很多遍,它打开一扇通向世界的窗户,这个世界和我们当时的现实距离太远

---

[1] 爱伦堡(Ehrenburg Ilya Grigoryevich,1891—1967):前苏联作家。"一战"时曾任战地记者。十月革命后曾参加苏维埃政府工作。发表过不少对资本主义社会进行揭露和反法西斯的作品。著有长篇小说《巴黎的陷落》《暴风雨》等。1954年发表的中篇小说《解冻》引起苏联文艺界极大争论,"赫鲁晓夫解冻"便以这篇小说得名。

了。现在看来，爱伦堡的这套书并没那么好，但对一个在暗中摸索的人来说是多么激动人心，那是一种精神上的导游，给予我们梦想的能力。

◎ 你中学毕业以后去当了几年建筑工人？那段经历对你重要吗？

● 我从1969年起，一共当了十一年的建筑工人，其中五年混凝土工，六年铁匠。除了占用我太多的读书时间外，我得感谢这一经历。首先是我真正交了一些工人朋友，深入中国的底层社会，这些是在学校根本得不到的。再就是毛泽东青年时代所提倡的"劳其筋骨，伤其肌肤"是绝对有道理的，如果没有在体力上对自己极限的挑战，就不太可能在别的方面走得太远。我也正是从当建筑工人起开始写作的。由于我周围的师傅多半不识字，造成了一种封闭的写作空间，一种绝对的孤独状态。这对一个作家的开始是很重要的。

◎ 七十年代，"文革"最激进的高峰已过，社会上留传很多手抄本小说和一些外国文学书籍，你读到过哪些？请举几本给你震动最大的。那是不是你的现代文学启蒙教育？

- 外国文学书籍我前面已经提到了。至于我最早读到的手抄本有毕汝协的《九级浪》,当时对我的震动很大。还有一些较差的,比如《当芙蓉花重新开放的时候》(甘恢理)、《第二次握手》(张扬)[1]等,都是些滥情之作。当时的地下写作,特别是小说,处在一个很低的起点。
◎ 你是什么时候开始与"白洋淀"那一圈朋友认识的?请描述一下当时交往的方式、人、话题等等。
- 我是1972年冬天通过刘羽认识芒克的。刘羽是一个工厂的钳工,"文化大革命"中因"反动言论"入狱三年。他住在北影宿舍的大院。我又是通过我的中学同学唐晓峰(现在是北大历史地理学教授)认识的刘羽。按唐晓峰的说法,刘羽是北京"先锋派"的"联络副官"。所谓"先锋派",其实就芒克和彭刚(一个地下画家)两个人组成。他们自封"先锋派",然后扒火车到武汉等地周游了一圈,最后身无分文,被遣送了回来。后来又通过芒克认识了彭刚。

---

[1] 六十年代末至七十年代初,下乡插队的知青因冬闲返城,形成了不同的地下文学"沙龙"。

在白洋淀插队，我和当时的女朋友去看过他，以后和彭刚等人又去过好几趟。白洋淀由于特殊的地理位置和水乡风情，吸引了一些当时脱离插队"主流"的异端人物，除了诗人芒克、多多和根子以外，还包括地下思想家赵京兴（因写哲学随笔蹲了三年大牢）和他的女朋友陶洛诵，以及周舵等人。

◎ 请说说你第一次听郭路生（食指）朗诵诗的情形。你是那之后开始写诗的吗？

● 那大约是 1970 年春，我和两个好朋友史康成、曹一凡（也是我的中学同学，我们被人称为"三剑客"）在颐和园后湖划船。记得史康成站在船头，突然背诵起几首诗，对我震撼极大。我这才知道郭路生的名字。我们当时几乎都在写离愁赠别的旧体诗，表达的东西有限。而郭路生诗中的迷惘深深地打动了我，让我萌动了写新诗的念头。他虽然受到贺敬之、郭小川的革命诗歌的影响，但本质完全不同——他把个人的声音重新带回到诗歌中。虽然现在看来，他的诗过于受革命诗歌格律及语汇的种种限制，后来又因病未能得到进一步的发展，但说他是中国近三十年新诗运动的开创者，是当之无愧的。

◎ 还有小说，记得当年第一次读你的《波动》和万之的那些小说时也非常兴奋，那种语言和叙述手法对当时的读者非常新鲜。你现在怎么看那些小说？它们与"伤痕文学"以及后来王蒙的意识流小说、"寻根文学"等等其他八十年代文学创作的关系如何？

● 现在看来，小说在《今天》虽是弱项，但无疑也是开风气之先的。只要看看当时的"伤痕文学"就知道了，那时中国的小说处在一个多么低的水平上。很可惜，由于老《今天》存在的时间太短，小说没有来得及真正展开，而诗歌毕竟有十年的"潜伏期"。而八十年代中期出现的"先锋小说"，在精神血缘上和《今天》一脉相承。

◎ 当时你本人和《今天》圈子里的朋友与其他的作家、艺术家、学者等来往和交流多吗？

● 《今天》的圈子就不用说了，我们几乎整天泡在一起。除了《今天》的人，来往最多的还是"星星画会"的朋友。"星星画会"是从《今天》派生出来的美术团体。另外，还有摄影家团体"四月影会"等，再加上电影学院的哥们儿（后来被称为"第五代"）。陈凯歌不仅参加我们的朗诵会，还化名在《今天》

上发表小说。有这么一种说法："诗歌扎的根，小说结的果，电影开的花"，我看是有道理的。当时形成了一个跨行业跨地域的大氛围，是文学艺术的春秋时代。

◎ 八十年代很多创作和思潮都是对那之前的政治意识形态及其对个人自由的摧残压抑的反叛和质询之声，你本人的诗歌更是被这样看待，有一些诗句早已成了那个时代里程碑式的经典，比如《回答》等等。当时你和你的朋友们有参与创造历史的感觉吗？

● 什么叫创造历史？难道我们看到中国历史的恶性循环还不够吗？反叛者的智慧与意志往往最终被消解被取代。这就是为什么我对自己某些早期诗歌，包括《回答》保持警惕的原因。换句话来说，除了怀旧外，我们对八十年代甚至七十年代必须有足够的反省，否则就不可能有什么进步。

◎ 那时《今天》还有其他一些民办刊物一方面很活跃很有影响，一方面生活在半地下状态，常受警方关注，经历过种种压力和麻烦。你当时还很年轻，才三十上下，但性格沉稳，记得在圈子里有人叫你"夫子"。那时你给我的印象也是"深沉""不苟言笑",记得有一回不知为什么你还说过自己"一只脚已经在坟墓里了",听得我肃然起敬,觉得你就像一场悲剧里的首领。能谈谈你那些年的个人心态吗?

- 当时没人叫我"夫子",而是叫我"老木头"。其实我从来不是一个勇敢的人。我的勇气和我的个人经历有关。我妹妹赵珊珊1976年夏天游泳救人时淹死了。我跟我妹妹的感情很深,当时痛不欲生。记得我在给她的纪念册上写下这样的血书:我愿意迎着什么去死,只要多少有意义(大意)。而不久历史就提供了这样一个契机。我们当时的确承受很大的压力,不仅是个人风险,还要对每个参与者的命运负责。当时我就有预感,我们注定是要失败的,至于这失败是在什么时候,以何种方式却无法预测。那是一种悲剧,很多人都被这悲剧之光所照亮。

◎ 谈谈你和《今天》的朋友们八十年代中后期的生活和写作状态。

- 《今天》关闭后,大家虽然常有来往,并组织过小规模的作品讨论,但作为一个文学运动毕竟已过去了。接下去可以说是个人写作期。先不说诗歌,只要看看小说就知道了。比如史铁生,他在《今天》之后写出更重要的作品，获得全国性的影响；还有曾在《今天》写评论的阿城，因《棋王》等小说一夜成名。我1987年出国，由芒克、多多等人成立了"幸存者俱乐部"，一直坚持到1989年。

◎ 你本人和一些"朦胧诗"的作品后来在官方诗刊上发表了，你觉得这表示这些诗歌逐渐被主流媒体接受了吗？

● 我一直对"朦胧诗"这一标签很反感，我认为应该叫"今天派"，因为它们是首先出现在《今天》上的。至于官方刊物接受《今天》诗歌的过程非常复杂，与当时"思想解放运动"在文学界的影响有关。比如，邵燕祥读《今天》时看中我的《回答》和舒婷的《致橡树》，于1979年春转发在他担任副主编的《诗刊》上，当时《诗刊》发行上百万份，其影响之大可想而知。另外，1979年《安徽文学》还专门转载《今天》的诗歌和小说。当然只是凤毛麟角，真正获得主流媒体的接受是在《今天》关闭以后，继而引发了一场全国性的争论。总体来说，那不是什么争论，而是有操纵的大批判，结果适得其反，由于读者普遍的逆反心理，"今天派"诗歌反而更加深入人心。有人说《今天》最后被招安了，这显然是别有用心，故意忽略问题的复杂性。其实那恰好是《今天》从对抗到渗入，而主流媒体从抵制到接受的交互过程，是地下文学浮出地表的必然。

◎ 你本人1989年出国，老友们也有的出国，有的淡出文坛，有的转行下海了。是否曾有一刻你明确地感觉到"一个时代终结了"？

● 我1987年春天去英国，1988年夏天又从那儿到了美国，1988年底回到北京，正赶上《今天》十周年的纪念活动。我1989年4月下旬到美国开会才真的长住国外。1988年春天我在英国得到我的老朋友赵一凡的死讯，对我的震动极大。我跟赵一凡是七十年代初认识的，他是地下文学的收藏家，被捕入狱两年多，后来为《今天》做了大量的幕后工作。就在接到他死讯的那一刻，我才有你所说的"一个时代结束了"的感觉。

◎ 回首八十年代中国，不难看出那是诗歌的黄金时代，人们对诗的激情与热爱达到了一个顶峰，诗真正成为时代心声的载体。但那也是一个短暂的特殊时期：政治上相对开放，经济中心的时代尚未到来。

而在后来开始商业化的中国，以及美国这样稳定的商业社会，诗歌和诗人的角色和命运就很不同了。但也有人认为现在才是正常的社会。你怎么看？

- 诗歌在中国现代史上两次扮演了重要角色，第一次是"五四"运动，第二次就是地下文学和《今天》。正是诗歌带动了一个民族的巨大变化。这也说明了中国确实是诗歌古国。但在现代社会中，诗歌只能起到类似扳机的触发作用，不可能也不应该获得持久效应。诗歌就像一股潜流，在喷发后又重返地下。其实无所谓什么是正常的社会，因为历史的参照不同。

◎ 请谈谈你对九十年代以来中国诗歌和各地诗歌群体的看法。有你特别喜欢的年轻诗人吗？

- 九十年代我不在中国，没有什么发言权。在我看来，诗歌的尺度是以世纪为衡量单位的，一个世纪能出几个好诗人就很不错了。

◎ 有些年轻诗人曾一度喊出过"打倒北岛"的口号。说它是"影响的焦虑"也好，"弑父情结"也好，反正你看起来变成了一座后生们必须翻越的山。你怎么看待这种"代沟"？有没有被人超越的焦虑？

- 不想谈这个问题。

◎ 长年生活在西方的经验可能会改变一个人对"西方/异域"的认识，也改变他/她对"东方/故乡"的认识。这十几年的"漂泊"经历和"国际化"视角对你的创作重要吗？给你带来了什么得失？

● "漂泊"的好处是超越了这种简单化的二元对立，获得某种更复杂的视角，因而需要调整立场，对任何权力以及话语系统都保持必要的警惕。就这一点而言，对"民族国家"的认同是危险的。我看最好不要用"国际化"这个词，含义混乱，容易造成进一步的误解。

◎ 你曾在散文中反省你早期诗作中的"革命腔调"，认为是自己希望挣脱的那个系统的一个回声，我觉得非常难得，并不是很多人都有这种敏感和坦诚。不过，也有批评者认为你后来的创作因为过于转向"内力"和"个人体验和趣味"失去了原来的冲击力或社会性，不再能引起广泛共鸣。实际上，这似乎也是很多人对当代诗歌的一个常见抱怨，极端者甚至认为今天诗歌已经基本成为诗人小圈子里的互娱。你怎么看这类批评？是诗人变了，社会变了，或者是两者都变了？

- 诗人与历史、语言与社会、反叛与激情纵横交错，互相辉映，很难把它们分开来谈。真正的诗人是不会随社会的潮起潮落而沉浮的，他往往越向前走越孤独，因为他深入的是黑暗的中心。现在是个消费的时代，不可能有什么广泛的共鸣。在这个意义上，任何社会偏见根本不值一提。
◎ 如果能够归纳的话，你认为八十年代中国诗歌与今天诗歌各自的特征是什么？最大的不同是什么？
- 不想谈这个问题。
◎ 有一种观点认为：八十年代的中国大陆是理想主义的时代，现在是实用主义、物质主义的时代，大部分知识分子和作家、艺术家已被小康生活招安或成为名利之徒，你同意这种判断吗？在描写某个年轻时很叛逆的艺术家后来经商时，你曾写道：商业最终会消解一切。你是否认为商业社会对文学艺术的腐蚀性超过营养和培育？
- 这样说似乎太简单了，八十年代有八十年代的问题，九十年代的危机应该追溯到八十年代。按你的说法，其实八十年代的理想主义没有把根扎得很深。那时生长于"文化大革命"中的知识分子刚刚立住脚，并没有真正形成自己的传统,自"五四"以来这传统一再被中断。这是一个民族的精神命脉。任何国家在现代化的转型期都经历过商业化的冲击。如何保持以不变应万变的知识分子的传统,是值得我们反省的。

◎ 你怀念八十年代吗?对汉语诗歌的前景有何展望?

● 无论如何,八十年代的确让我怀念,尽管有种种危机。每个国家都有值得骄傲的文化高潮,比如俄国二十世纪初的白银时代。八十年代就是中国二十世纪的文化高潮,此后可能要等很多年才会再出现这样的高潮,我们这代人恐怕赶不上了。八十年代的高潮始于"文化大革命"。"地震开辟了新的源泉",没有"文化大革命",就不可能有八十年代。而更重要的是,八十年代是在如此悲壮辉煌之中落幕的,让人看到一个古老民族的生命力,就其未来的潜能,就其美学的意义,都是值得我们骄傲的。

附 录
致 读 者[1]

历史终于给了我们机会,使我们这代人能够把埋藏在心中十年之久的歌放声唱出来,而不致再遭到雷霆的处罚。我们不能再等待了,等待就是倒退,因为历史已经前进了。

马克思指出:"你们赞美大自然悦人心目的千变万化和无穷无尽的丰富宝藏,你们并不要求玫瑰花和紫罗兰散发出同样的芳香,但你们为什么却要求世界上最丰富的东西——精神只能有一种存在形式呢?我是一个幽默家,可是法律却命令我用严肃的笔调。我是一个激情的人,可是法律却指定我用谦逊的风格。没有色彩就是这

---

1 《今天》创刊号发刊词,发表于《今天》第一期。署名:《今天》编辑部。

种自由唯一许可的色彩。每一滴露水在太阳的照耀下都闪耀无穷无尽的色彩。但是精神的太阳，无论它照耀多少个体，无论它照耀什么事物，却只准产生一种色彩，就是官方的色彩！精神的最主要的表现形式是欢乐、光明，但你们却要使阴暗成为精神的唯一合法的表现形式；精神只准披黑色的衣服，可是自然界却没有一枝黑色的花朵。""四人帮"的文化专制主义就是只准精神具有一种存在形式，即虚伪的形式；只准文坛上开一种花朵，即黑色的花朵。而今天，在血泊中升起黎明的今天，我们需要的是五彩缤纷的花朵，需要的是真正属于大自然的花朵，需要的是开放在人们内心深处的花朵。

过去，老一代作家们曾以血和笔写下了不少优秀的作品，在我国"五四"以来的文学史上立下了功勋。但是，在今天，作为一代人来讲，他们落伍了。而反映新时代精神的艰巨任务，已经落在我们这代人的肩上。

"四五"运动标志一个新时代的开始。这一时代必将确立每个人生存的意义，并进一步加深人们对自由精神的理解；我们文明古国的现代更新，也必将重新确立中华民族在世界民族中的地位。我们的文学艺术，则必须反映出这一深刻的本质来。

今天，当人们重新抬起眼睛的时候，不再仅仅用一种纵的眼光停留在几千年的文化遗产上，而开始用一种横的眼光来环视周围的地平线了。只有这样，才能使我们真正地了解自己的价值，从而避免可笑的妄自尊大或可悲的自暴自弃。

我们的今天，植根于过去古老的沃土里，植根于为之而生、为之而死的信念中。过去的已经过去，未来尚且遥远，对于我们这代人来讲，今天，只有今天！

在历史偶然的钢丝上

关于"星星画会"[1]

◎ 在1992年伦敦大学的"中国当代诗歌研讨会"上,您回忆了从七十年代到八十年代初的一些往事,其中谈及在当年的《今天》中,"派生出来一个组织,就是'星星画会'。"我们知道,"星星画会"的主要发起人黄锐、马德升以及一些相关的成员,在当时也都是《今天》的参与者,能否请您谈一谈当时的

---

[1] 访谈者:诗人、策展人朱朱。本文原发表于2007年冬季号《今天》杂志"星星画会"专辑,原题《关于星星画会》。"星星画会"是七十年代末出现在北京的一个艺术团体,以追求自由和自我表现的艺术、主张具有现代主义风格的实验性作品,以及具有特殊历史意义的活动与事件而著称。在1979年和1980年分别举办了两届画展。"星星画会"的创始人为黄锐、马德升、阿城,主要成员有薄云、曲磊磊、王克平、严力、李爽、毛栗子、杨益平、邵飞、艾未未、宋红、包泡、朱金石、王鲁炎、何宝森、赵刚等。

具体状况。

- 说来话长。作为《今天》杂志的创始人之一，黄锐不仅为《今天》设计封面版式，也参与编务写美术评论。不久通过朋友介绍，马德升也加入进来，他的短篇小说《瘦弱的人》及木刻发表在创刊号上。阿城几乎从一开始就成了《今天》的主要评论家，什么都评。王克平最初则是以朗诵者的身份，出现在1979年春天《今天》举办的诗歌朗诵会上。曲磊磊是从第三期起随他的线描画一起进入《今天》的。兼诗人与画家双重身份的严力，很早就在《今天》发表诗歌……那时候不分门类，只要气味相投，就会走到一起。但由于刊物的属性与条件的限制，这些艺术家除了画画插图，并没有多少施展的余地。于是他们另找出路，开始筹备自己的团体——"星星画会"。可以说，《今天》与"星星画会"就像孪生兄弟一样。

◎ 在您看来，当时的思想解放运动与文学艺术活动之间构成了怎样的一种关系和氛围？

- 文学是一条更深的潜流，它在地下潜伏了十年，甚至更久，一直可追溯到六十年代初。而政治上的松动只不过为它提供了浮出地表的机会。

◎ 您也曾提及《今天》作为文学杂志，而又处在政治旋涡中，在当时一直有一个问题：到底多深地卷入民主运动？这无疑体现了政治现实与文学艺术两者关系的复杂命题。您当时的原则是什么？现在，你如何看待与评价当时的文学艺术创作的特性与价值？

● 我们当时常面临这种两难的处境。而我们当时提出"纯文学"的口号绝不仅仅是一种生存策略，而是一开始就拒绝使文学沦为任何意识形态的工具。我现在依然觉得当时的方向是对的，这也正是《今天》为什么没有随"西单民主墙"的消失而消亡，并对中国的文学和文化产生持久影响的重要原因。

◎ 您认为"星星"作为一种历史事件或一场运动的意义和影响是否远远地超过其艺术本身的价值？在"星星画展"上，给您留下印象最深的作品是哪些？

● 我们很难脱离历史语境谈论艺术价值。"星星"的开创性意义是不可替代的：它把自由精神和勇气归还给艺术家。那是破冰之旅，让后来者水到渠成。很可惜，"星星"的寿命太短了，没有足够的时间展开自身的轨迹。

◎ 很多"星星画会"的成员都出生在高干或知识分子家庭,相对来说,他们比较便利接触到西方的各种信息,而从当时的外部条件看,原本铁板一块的意识形态确实在某些方面有所松动。有人认为即使不是他们,也会有其他人出现在当年的舞台上……您对这一点怎么看?

⦿ 我相信历史的每一步都走在偶然的钢丝上,而你所说的"其他人"也是对偶然的一种假设。在我看来,"星星画会"的成员"贵族"的家庭背景和他们自身"卑贱"的社会地位所构成的反差,可以成为理解这段历史的切入点之一:正是反叛释放了对"正统"的破坏力。

◎ 不久前高名潞先生策划了"无名画会"的展览,在你看来,"星星"与"无名画会"以及当时另外一些艺术团体的不同之处是什么?

⦿ 与"星星"相比,"无名画会"给我的印象是松散的平民艺术家团体。"无名"与"星星"完全不同,他们是建设性的、温和而非暴力的,不会对"正统"构成根本的威胁。我为"无名"画家们的那种艺术献身精神而深深感动,但我在感情上更认同"星星":在历史转折处需要鲁迅所说的"铁屋中的呐喊"。在这个意义上,"星星"的出现是革命性的,它改变了中国艺术的航道。这也正是为什么当年我们走到一起的原因。

◎ 您认为七十年代在精神上是否与"五四"进行了有意识的接续?您的作品在发轫之初就受到西方现代主义的影响,后来又在西方居住了多年,关于西方文化与我们的本土文化,关于"现代性"这个从二十世纪早期就开始的命题,您有什么样的思考?

● 你把很多问题都混在一起了。"西方""本土""现代主义""现代性",这些深奥复杂的概念就像牢笼,让我们从野兽变成家畜。

◎ 在历史的每次转折之中,往往会产生一些"先驱者",他们在后来却被遗忘、被湮没在记忆深处,在那个时期,您认为还有哪一些文学及艺术方面的优秀人物?

● 虽说历史有如考古学家会不断重新挖掘,但遗漏在所难免。单说美术圈子,如今有多少人听说过彭刚呢?可他无疑是中国先锋艺术的先行者之一,远在"星星"出现在地平线之前。我想借这个回顾历史的机会,向他这样被历史忽视的艺术家表示敬意。

我一直在写作中寻找方向[1]

◎ 自上世纪八十年代末以来,无论就个人生活还是写作而言,你都一直处于——让我们使用一个比较谨慎的约定说法——"漂泊"的境遇中。由最初的非常态到后来的常态,这种境遇对你的写作产生了什么样的影响?如果变化是不可避免的,那么这种变化是否首先与你对母语的新的感受有关?布罗茨基[2]曾经有过一个比喻,说在这种境遇中母语会"同时

---

1 对话人:诗歌评论家唐晓渡。本文原发表于《诗探索》2003年第3—4辑。
2 布罗茨基(Joseph Aleksandrovich Brodsky,1940—1996):美国诗人。原籍苏联。15岁辍学做工。曾被视为持不同政见者而三次入狱,两次被送入精神病院。1972年被驱逐出境。后去美国,1977年加入美国籍。主要作品有长诗《以撒和亚伯拉罕》《戈尔布诺夫和戈尔恰科夫》。1987年获诺贝尔文学奖。

成为一个人的剑、盾和宇宙舱"，对此你怎么看？

● 我在海外常被问到这样的问题：你在外面漂泊久了，是否和母语疏远了？其实恰恰相反，我和母语的关系更近了，或者更准确地说，是我和母语的关系改变了。对于一个在他乡用汉语写作的人来说，母语是唯一的现实。我曾在诗中写道："我在语言中漂流 / 死亡的乐器充满了冰"[1]。我想在布罗茨基的三个比喻外，再加上"伤口"。这种"漂泊"中有一种宿命。我相信宿命，而不太相信必然性；宿命像诗歌本身，是一种天与人的互动与契合，必然性会让人想到所谓客观的历史。

◎ 但宿命不也意味着一种必然性吗？当然这是说一种被个人领悟到并认可的必然性，而不是来自外部的、被强加的必然性，更不是指令性的必然性。所谓"认命如宿"。这样来谈"宿命"，似乎和通常所谓的"信念"有点关系；而在众多论者的笔下，你确实被描述为一个"有信念"的诗人。你怎么看待这个问题？扩大一点说，你怎么看待诗和诗人的"信念"？

1　引自北岛诗作《二月》。

它是必需的吗？在我看来你从一开始就是一个内心充满困惑、疑虑，并坚持在诗中对世界和自我，包括对诗本身进行种种质询的诗人，你是否认为这是一个有信念者的基本表征？信念会给一个人带来方向，至少它要求一个方向；如果是这样，你怎么理解你作为一个诗人的方向？我注意到你有一首题为《借来方向》的诗，在这首诗中，所谓"方向"不仅被讽喻式地表述成是"借来"的，其本身也被从不同的角度反复消解。是否可以据此认为你持一种反意识形态化的"方向观"？而这种眼光和态度也同样适用于你对"信念"的看法？

● 自青少年时代起，我就生活在迷失中：信仰的迷失，个人感情的迷失，语言的迷失，等等。我是通过写作寻找方向，这可能正是我写作的动力之一。可我不相信一次性的解决。在这个意义上，"方向"只能是借来的，它是临时的和假定的，随时可能调整或放弃；而意识形态则是一种明确不变的方向，让我反感。你也可以说这是一种信念，对不信的信念。

◎ 你说到了"伤口"，这让我想到你在你刚刚征引过的那首诗中的一个设问。你问道："谁在日子的裂缝上／歌唱……"这里"日子的裂缝"是否与你所说的"伤口"对应？这首诗开头的一句是"夜正趋于完美"；后面你又说："必有一种形式／才能作梦"；能否将所有这些——包括你征引的那两句诗，包括末节"早晨的寒冷中／一只觉醒的鸟"的总结性意象，也包括标题《二月》——视为你所说的"宿命"，或者说觉悟到这种宿命的一个完整隐喻？换言之，诗对你从根本上说是一种"作梦"的形式、飞翔的形式；而你的诗之所以总给人以二月早晨寒冷（我更想说冷峻——当然不止是冷峻）的感觉，是因为它们来自"伤口"，来自"日子的裂缝"，来自——与其说是世界的，不如说是人性和语言内部的——"正趋于完美的夜"？

◉ 现代汉语既古老又年轻，是一种充满变数和潜能的发展中的语言。但近半个世纪来由于种种原因，它满是伤口。说到宿命，其实诗人和语言之间就有一种宿命关系：疼和伤口的关系，守夜人与夜的关系。如果说什么是这种宿命的整体隐喻的话，那不是觉悟，而是下沉，或沉沦。写作的形式，显然与这种沉沦相对应。《二月》这首短诗说的是，在一个"正在趋于完美的夜"里沉沦的可能。再说到宿命与必然性，在我看来，其实有两种不同的色调，宿命是黯淡而扑朔迷离的，必然性是明亮而立场坚定的。

◎ 每个诗人都有自己写作的"发生史"，并在一定阶段上形成自己的"个体诗学"和"个人诗歌谱系"。但你在这方面对绝大多数读者来说似乎还是个谜。能否请你简要地谈一谈你是在什么情况下开始写诗的？迄今大致经历了哪些阶段？有哪些相应的诗学主张？与你有过较为密切的精神血缘关系的诗人都有谁？曾有评论者认为你最初受到前苏联诗人叶甫图申科[1]的影响，是这样吗？

● 对我来说同样是个谜，就像河流无法讲述自己一样。我试着讲述自己写作的开端，但发现每次都不一样，于是我放弃了回溯源头的努力。我想，写作是生命的潜流，它浮出地表或枯竭，都是难以预料的。外在的环境没有那么重要。我年

---

[1] 叶甫图申科（Yevgeny Aleksandrovich Yevtushenko, 1933— ）：前苏联时期重要诗人，自称是"代表出生在三十年代，而道德的形成却是在斯大林死后和党二十大以后的一代人"，出版有诗集《未来的探索者》《承诺》等。

轻时读到一本黄皮书《娘子谷及其他》，曾一度喜欢过叶甫图申科。他八十年代初来北京朗诵，我只听了三首诗就退席了。他让我恶心。那是由于当年阅读的局限造成的偏差。这个世界诗人众多，由于精神上的联系而组成了不同的家族，与语言国籍无关。我喜欢的多是二十世纪上半叶的诗人，包括狄兰·托马斯[1]、洛尔迦、特拉克尔[2]、策兰[3]、曼德尔施塔姆[4]、帕斯捷尔纳克、艾基、特朗斯特罗默。后两位还健在[5]，幸运的是我还认识他们。

1　狄兰·托马斯（Dylan Thomas，1914—1953）：威尔士诗人，诗歌围绕生、欲、死三大主题，出版有诗集《死亡与出场》《爱的地图》等。
2　特拉克尔（Georg Trakl，1887—1914）：奥地利诗人，被誉为"黑暗诗人"，生前仅留下两部诗集《诗作》《塞巴斯蒂安在梦中》。
3　策兰（Paul Celan，1920—1970）：译作保尔·策兰或保罗·策兰。奥地利诗人。生于犹太家庭。"二战"时受法西斯迫害，战后始完成大学学业。1952年发表诗作《死亡赋格》，类比音乐中的对位法。后出版有诗集《骨灰瓮之沙》《无主的玫瑰》等。诗作受法国超现实主义和象征主义影响，擅用隐喻和典故，偏重语言的节奏。
4　曼德尔施塔姆（Ossip Mandelstam，1891—1938）：前苏联诗人。生于华沙的犹太人家庭。将世界的历史文化熔铸于诗歌语言中，致力于"自在的语言"和"意外性的逻辑"。阿克梅派的成员。出版有诗集《石头集》《追悼亡人的酒宴》及中篇小说《埃及邮票》。曾两次被捕，死于远东地区的劳改营。
5　北岛与唐晓渡对话时，艾基仍健在，但三年之后，2006年2月21日，艾基因长年癌患不治，病逝于莫斯科一家医院。

二十世纪上半叶是世界诗歌的黄金时代,让我如此眷恋,以至于我想专门为此写本书。

◎ 欧阳江河在一篇文章中曾表达过一个很有意思的观点。在他看来,"北岛这个名字一方面与一个人的确切无疑的写作有关,另一方面,又与历史的真相想要阐明自身因而寻找一个象征物的要求有关",由此他怀疑"北岛本人也是'北岛'这个名字的旁观者"。你认为他的观点有道理吗?你乐于充当"北岛"这个名字的旁观者吗?如果乐于,请谈谈你对他的看法。

● 历史与个人的关系的复杂性,超出了我的理解范围。我想起瑞典诗人特朗斯特罗默的诗句:"我受雇于一个伟大的记忆。"在我看来,"伟大的记忆"比"历史的真相"可靠得多。我对"北岛"倒是有时候有旁观者的感觉。

◎ 为存在和美作证被视为现代诗的伟大职责之一。它提示更多被遮蔽、被抹去和被遗忘的可能性。你的诗一方面忠实地履行这一职责,但另一方面,却又一再对此表示怀疑。在《蓝墙》一诗中,"作证"被表现为一种荒谬的要求("道路追问天空/一只轮子/

寻找另一只轮子作证");而《无题》则干脆取消了类似的要求("煤会遇见必然的矿灯／火不能为火作证")。这究竟是表达了一种本体论意义上的看法,还是一种必要的语言策略?它是诗的一种自我怀疑方式吗?

● "一只轮子／寻找另一只轮子作证"反映了我在本体论意义上的怀疑。这个世界难道还不够荒谬吗?美国大学的学术论文,基本上都是互相寻找作证的轮子。进一步而言,这世界得以运转的整个逻辑体系在我看来都有问题。《蓝墙》是反着说的,《无题》中的"火不能为火作证"是正着说的。

◎ 你回国后的作品在保持了此前作品尖锐、机警、精致的超现实主义风格的同时,也发生了引人注目的变化。除了欧阳江河已经指出的音调和意象更为内敛、更具对话性质等"'中年风格'的东西"外,最明显的是反讽和自嘲的成分大大增加了。这种变化的心理学依据容易理解,我更感兴趣的是美学上的考虑,能不能请你谈一谈?

● 说到美学,应该是你们评论家的事。我一直在写作中寻找方向,包括形式上的方向,寻找西班牙诗人马查多[1]所说的"忧郁的载体"。那是不断调音和定音的过程。诗歌与年龄本来就相关,特别是在中国古典诗歌中,岁月年华一直是重要主题。

◎ 你一直非常注重炼字炼句。你早期作品中的若干警句至今长驻人心不仅是你个人的一个胜利,也可以说是中国传统诗学的一个胜利。你近期的作品则似乎更注重炼"境",并往往通过末句提行来增强其穿透力。同时你的诗还具有阶段性地集中、反复,高度个人化地处理某几个意象的特征。这些意象及其用法对解读你的诗具有"关键词"的性质,诸如早期的"石头""天空",此后的"孩子""花朵"等等。斯蒂芬·欧文[2]认为你的诗"也许……概括了汉诗的传统"。作为《唐诗的魅力》一书的作者,他这么说堪称是对你的极高褒奖;然而在国内,你的名字却是和"反传统"联系在一起的。显然,在这种悖谬中包含了对"传统"的复杂认知。请从个人的

---

1 马查多(Antonio Machado,1875—1939):西班牙诗人。1927年当选为西班牙皇家学院院士。出版有诗集《卡斯蒂利亚的田野》《战争》等。
2 斯蒂芬·欧文(Stephen Owen,1946—):一名宇文所安,相继执教于耶鲁大学、哈佛大学,著有研究著作《韩愈与孟郊的诗》《初唐诗》等。

角度谈谈你的创作与中国传统诗学的内在关联。

⦿ 这些年在海外对传统的确有了新的领悟。传统就像血缘的召唤一样,是你在人生某一刻才会突然领悟到的。传统博大精深与个人的势单力薄,就像大风与孤帆一样,只有懂得风向的帆才能远行。而问题在于传统就像风的形成那样复杂,往往是可望不可即,可感不可知的。中国古典诗歌对意象与境界的重视,最终成为我们的财富(有时是通过曲折的方式,比如通过美国意象主义运动)。我在海外朗诵时,有时会觉得李白杜甫李煜就站在我后面。当我在听艾基朗诵时,我似乎看到他背后站着帕斯捷尔纳克和曼德尔施塔姆,还有普希金和莱蒙托夫,尽管在风格上差异很大。这就是传统。我们要是有能耐,就应加入并丰富这一传统,否则我们就是败家子。

◎ 在诗学上你无疑是一个倾向于"极简主义"的诗人。极简主义的至境是"大象无形""大音希声";但也容易沦为趣味化,把诗写得太像诗,或故弄玄虚。请问你是怎样把握其中的界限和张力的?为了防止趣味化,或拓展更多的可能性,一些当代诗人不在乎写出来的是不是诗,甚至故意把诗写得不像诗,你也会有这样的冲动吗?

- 我意识到这个问题,这也是你提到我的诗中自嘲与反讽的来源。趣味化往往是大脑的游戏,是诗歌的迷途或死胡同。我自己就有这类失败的教训。防止趣味化,就应该把诗写得更朴实些,而不是把诗写得不像诗。当然反诗的实验是有好处的,那就是告诉我们诗歌的疆界。

◎ 我注意到《白日梦》是你唯一的一个组诗,这在当代诗人中是罕见的。绝大多数有成就或试图有所成就的诗人都对组诗或长诗投以了相当的关注,希望以此建立自己的"纪念碑"。你是不是对独立的短诗情有独钟?假如的确如此,其根据是什么?在你未来的写作计划中,会有长诗的一席之地吗?

- 《白日梦》对我来说是个失败的尝试。这先搁置不提。说到长诗,几乎没有一首是我真正喜欢的。自《荷马史诗》以来,诗歌的叙述功能逐渐剥离,当代诗人很难在长诗中保持足够的张力。我确实只喜欢短诗,因为在我看来这才是现代抒情诗的"载体",即在最小的空间展现诗歌的丰富性。现代抒情诗根本没有过时,它的潜力有待人们发现。当今"抒情"

几乎已经成了贬义词，那完全是误解。

◎ 近些年来国际汉学界不断探讨诸如"中国性""中文性""汉语性"这样的问题，似乎这已经成了"全球化"背景下的一道文化风景；海内外不少诗人、作家都就此表达了不同的看法，但至少是我本人，迄今还没有听到你的声音。你认为这对你的写作而言是一个问题吗？抑或只是个假问题？

● 我在十几年前写过一篇文章，谈到"翻译文体"问题。我的主要观点是，1949年以后一批重要的诗人与作家被迫停笔，改行搞翻译，从而创造了一种游离于官方话语以外的独特文体，即"翻译文体"，六十年代末地下文学的诞生正是以这种文体为基础的。我们早期的作品有其深刻的痕迹，这又是我们后来竭力摆脱的。在这一点上，我想这是个真问题，至少对我个人而言。抽象地谈"汉语性"很难，那是评论家的事。

◎ 八十年代初，你曾经最早警告说当代诗歌正面临"形式的危机"，那是"不够用"的危机。二十多年后的今天，有人认为情况被反了过来：危机依然存在，但已经变成了"形式过剩的危机"。在你的视野中是这样吗？你现在怎么看所谓"新诗"的形式问题？

● 现在我依然认为我们面临"形式的危机"，背后当然潜藏各种危机。我之所以这么说，因为形式是我们唯一能看到的东西。诗歌神秘莫测，只有从形式入手，才骗不了人。这些年正因为我们忙于空谈，而缺少诸如细读这类的形式主义的批评，才造成鱼目混珠的现象。

◎ 既是一个诗人、作家，又是一个事实上的公众人物，这种"双重身份"是否经常令你为难？你是怎么协调二者之间从根本上说彼此冲突的关系？

● 说来每个窗户都有双重身份：内与外，打开或关上。冲突也可以是一种平衡。

◎ 你曾在《背景》一诗中写道："必须修改背景／你才能够重返故乡"。我理解这里的"背景""重返"和"故乡"都有多重含义。现在"故乡"的"背景"确实已经在很大程度上被"修改"了，"重返"的可能性也相应增加了，问题是，这种重返很可能不会是你原本所预期的"重返"。它完全可能成为一种错位。假如是这样，你会感到失望吗？

● 其实这是个悖论。所谓"修改背景"，指的是对已改变的背景的复原,这是不可能的,因而重返故乡也是不可能的。这首诗正是基于这种悖论,即你想回家,但回家之路是没有的。这甚至说不上是失望,而是在人生荒谬前的困惑与迷失。

◎ 相对说来,你了解这些年国内诗歌的发展情况可能要方便些。能否谈谈你的有关看法。

● 这些年来我未置身其中,故有隔着的感觉,距离也给了我作为局外人的特权。令人欣慰的是,某些重要诗人包括年轻一代的诗人仍在坚守岗位,他们的作品构成中国当代诗歌的支点。九十年代的诗歌,给我印象是相当复杂的。我常在想,发端于"五四"运动的中国新诗,在经过漫长的停滞后,于六十年代末七十年代初在地下酝酿,到八十年代初爆发而成气候,然后才进入商业化的九十年代。作为一个传统,它的动力和缺憾在哪儿?其实说来,九十年代的问题可以追溯到八十年代,是从我们那儿开始的。我们从来没有足够的自省意识,没有对传统更深刻的认知。这是中国当代诗歌根儿上的问题。不刨根问底,我们就不可能有长进。记得八十年代中期,当"朦胧诗"在争论中获得公认后,我的写作出现空白,这一状态持续了好几年,如果没有后来的漂泊及孤悬状态,我个人的写作只会倒退或停止。八十年代的"胜利大逃亡",埋下危险的种子,给后继者造成错觉与幻象。再加上标准的混乱、诗歌评论的缺席、小圈子的固步自封以及对话语权的争夺,加深了进一步的危机。我翻读诗歌刊物或浏览文学网站,有时真为那些一挥而就的诗作汗颜。我以为我们,对此有共识的诗人和评论家,有必要从诗歌的 ABC 开始,做些扎实的工作,为中国诗歌的复兴尽点儿力。

◎ 让我们抓住你所说的(新诗)传统的"动力和缺憾"问题。在我看来它极为重要。你能不能扼要地从正面谈一谈你的个人看法?

● 马查多认为,诗歌是忧郁的载体。也许这就是我所说的"动力与缺憾"的问题所在,即在中国新诗的传统中,要么缺少真正的忧郁,要么缺少其载体。这样说似乎有点儿耸人听闻,但细想想是有道理的。你看看,如果一个诗人不是被悲哀打倒的人,他能写些什么呢?而那些被悲哀打倒的人,往往又找不到形式的载体。回顾近一百年的中国新诗历史,是值得我们好好反省的。我想这和我们民族总体上缺乏信仰、注重功利、及时行乐有关。

◎ 这肯定是一个大题目，但这次恐怕来不及深入了。好在还有的是机会。非常感谢你接受我的访谈。就我个人而言，你与其说回答了，不如说提出了若干问题，而这些问题启示我们展开进一步的讨论。我想这也会是许多读者的看法。再次深致谢意。

越界三人行[1]

与施耐德[2]、温伯格[3]对话

2009年12月2日,我陪盖瑞·施耐德和艾略特·温伯格去澳门游览,同行的还有盖瑞的儿子甘(Gen)和甘琦。从尖沙咀中国码头上船,中午时分抵澳门,先去妈祖庙。"妈祖"是东南沿海和海外华人的海洋保护神。澳门的妈祖庙已有五百多年历史,俗称"妈阁"。四百多年

---

1 对话人:美国诗人盖瑞·施耐德和美国翻译家、散文家艾略特·温伯格。本文原发表于2009年《今天》冬季号"香港国际诗歌之夜"专辑,原题《三人行》。录音整理:Cris Mattison;董帅译自英文。
2 盖瑞·施耐德(Gary Snyder, 1930—):美国诗人、随笔作家、演说家。名字常与"垮掉的一代"联系在一起,曾在加利福尼亚大学戴维斯分校任教多年。1975年以诗集《龟岛》获普利策诗作奖。
3 艾略特·温伯格(Eliot Weinberger, 1949—):美国作家、翻译家。著有《理论上的作品》《小说之外》《写作反应》《以十九种方式看王维》等,是北岛诗集《开锁》及近作的英译者。

前,葡萄牙人初到澳门,询问当地居民,居民误以为指庙,答曰"妈阁",被葡萄牙人音译成 Macau。妈祖庙内人流不息,香火甚旺。在众多香客中,恐怕只有盖瑞出过家,只见他神态凝重,念念有词,动作简约。他一边烧香拜佛,一边向我介绍不同菩萨与佛堂的功能,对这民间小庙赞叹不已。

出了庙,艾略特按图索骥,带我们去附近的一家葡国餐厅。迎面走来一人,先认出艾略特,后认出我。他是澳大利亚青年诗人,应"书虫"英文书店之邀在北京小住。于是在葡国餐厅共进午餐。和他分手后,我们决定步行回市中心。避开旅游路线,深入小巷,民风淳朴如旧。来到步行街,艾略特被繁华的商业区惊呆了。"天哪,这不可能,"他喃喃地说,"十二年前这里几乎没有游客。"那是 1997 年初,我们参加第一届"香港国际诗歌节"时一起游澳门。

从参议院广场行百余步,抵白鸽巢公园。在一石洞前立着葡萄牙伟大诗人贾梅士[1]的铜像。他四百多年前来澳

---

[1] 贾梅士(Luis Vaz de Camões,约 1524—1580):贾梅士是他的澳门译名,内地通用卡蒙斯。葡萄牙诗人、剧作家。曾在王宫中生活多年。后服役去非洲、印度等地,在战争中失去右眼。所作史诗《路济塔尼亚人之歌》,共

越界三人行

门,在这石洞中完成了著名的史诗。

我们来到石洞附近的小山坡,在一石桌前坐定。我打开录音机,引导话题,形散而意不散。直到夕阳西下,林中渐冷,只好作罢。第二天盖瑞、甘和艾略特起程返美。这是一次未完成的对话。遗憾之余,又感到欣慰:人间万物岂不是均在抵达的途中?

北　岛:你们二位都是《今天》杂志的顾问,也是参加这次"香港国际诗歌之夜"的国际诗人,我们正着手为《今天》冬季号编关于诗歌节的专辑,希望能借此机会和你们聊聊。盖瑞,记得那天上午在与媒体座谈时你的一句话,很有意思。你说你的诗是属于太平洋圈的,特别是北加州、中国和日本。如果我们看看地图,诗歌的地图,首先是埃兹拉·庞德[1]的身影伸向东方,我说的只是

(接上页)十章,长达九千多行,描写葡萄牙航海家达·伽马远航印度的经过。有浪漫主义色彩。

[1] 埃兹拉·庞德(Ezra Pound, 1885—1972):美国诗人、文艺评论家。1908年赴英国,成为伦敦现代派诗人领袖。"二战"后被判刑。1958年获准侨居意大利。代表作有《诗章》等。还译过中国诗歌。宣导意象派诗歌,主张诗歌不重韵律而注重内在冲动所产生的节奏。与诗人艾略特关系密切。1915年发表根据汉学家芬诺洛萨遗稿而译成的中国古诗英译本《中国》。

身影。而T.S. 艾略特[1]则是跨越欧洲，汇入英格兰正统中。你还谈到美国主流以及学院派诗歌。如果把1915年庞德的《中国》(*Cathay*)当作美国诗歌的分水岭的话，其实我们看到一种内在的分裂，或者说一种紧张。如果那时只有庞德的身影能够到东方的话，那么你则漂洋过海到日本，当了十年和尚，身体力行，把美国诗歌的现实与梦想连接在一起。而艾略特，作为《1950年以来的美国诗歌》(*American Poetry Since 1950: Innovators and Outsiders, an Anthology*)这本选集的编者，你早就意识到美国诗歌中学院派及非学院派的冲突与分野。我想请你们二位共同绘制美国的诗歌地图，看看这一百年美国诗歌的走向与变迁。

温伯格： 你提供的线索太多了，仅亚洲就有三条：中国、日本和印度，我都不知道从哪里说起。先说印度吧，认为T. S. 艾略特只与欧洲关联是不对的，他曾学过梵语。再说

---

[1] T.S. 艾略特（Thomas Stearns Eliot, 1888—1965）：英国诗人、文学评论家、剧作家。祖籍英国，生于美国。1914年起定居英国，曾任教师、银行职员和出版社编辑。1922年后长期担任文艺评论季刊《基准》的编辑。强调作品所引起的美感与作品所表达的哲学思想无关，被视作"新批评"派先驱。诗歌创作受十九世纪法国象征派诗人影响，重视乔叟、莎士比亚和玄学派诗人的传统，强调运用日常口语的节奏，追求语词的独特含义和新奇比喻。代表作为长诗《荒原》。1948年获诺贝尔文学奖。

印度十九世纪的哲学曾对欧洲超验主义者有过很深的影响，如爱默生¹、梭罗²和惠特曼³。但要说到真正去过印度的，如果把马克·吐温那次短暂旅行排除在外的话，那就是五十年代的艾伦·金斯堡⁴和盖瑞了，这是美国作家首次体验印度；第二条线索是中国。第一本美国现代诗就是庞德的《中国》。"一战"中这本书在士兵中流传很广，因为它讲的都是远行、与爱人分离，这是一本战争之书。士兵们把它塞在背包里上战场。有趣的是，美国诗歌中最现代

---

1 爱默生（Ralph Waldo Emerson，1803—1882）：美国散文家、诗人。曾任教师和牧师。1832年脱离教会，赴欧洲游历，接受康德哲学。回国后成为超验主义运动的核心人物，创办并主编评论季刊《日晷》。作品有《论文集》《代表人物》等。超验主义主张人能超越感觉和理性而直接认识真理，认为人类世界的一切都是宇宙的一个缩影，爱默生的形容是"世界将其自身缩小成为一滴露水"。

2 梭罗（Henry David Thoreau，1817—1862）：美国作家。与爱默生一样同为哈佛学院毕业。曾协助爱默生编辑评论季刊《日晷》，成为超验主义运动的代表人物之一。主张人类回到自然，曾在瓦尔登湖畔隐居两年，体验简朴生活，著有《瓦尔登湖》《缅因森林》等。

3 惠特曼（Walt Whitman，1819—1892）：美国诗人。生于贫苦农民家庭。当过木工、排字工、教师、报纸编辑。主要诗集《草叶集》在1855年初版，以后多次重版，每版都有新诗补充。

4 艾伦·金斯堡（Allen Ginsberg，1926—1997）：美国诗人。曾就读于哥伦比亚大学。1955年发表的诗集《嚎叫及其他诗》反映一代美国青年对现代社会的幻灭感和无政府主义倾向，被认为是"垮掉的一代"的代表性作品。擅长朗诵，常在各地举行朗诵会。

的部分也是最古老的,上溯到唐朝。同样在《中国》,除了唐诗,还有盎格鲁·撒克逊的翻译,那和唐朝几乎处于同一时期——公元800年左右。庞德想要证明,当中国诗歌发展到全盛时期,英语诗歌才刚刚起步,这是它的根。自《中国》起,二十世纪的美国诗歌与中国诗歌是分不开的。基本上可以说,美国现代诗是中国古诗的产物。这么说也有不妥之处,因为美国人阅读中国古诗完全是由于二十世纪的美国诗歌。其他西方语言诸如在法文、德文、西班牙文中则不是这样。这都是因为庞德;第三是日本。谈到诗歌,上世纪二十年代,几乎所有的西方语言都发现了俳句之美。我想,洛尔迦[1]就是深受俳句影响的。另一个进入美国诗歌的日本元素是佛教,这可以让盖瑞讲讲。他们先是对禅感兴趣,然后演变成一种哲学……如果从十九世纪到二十世纪,美国的思想支柱来自印度的话,那么在"二战"以后,这个支柱就变为了日本的禅。当然,盖瑞是少数不

---

[1] 洛尔迦(Federico Garcia Lorca, 1898—1936):西班牙诗人。"二七一代"的代表人物。他将诗同西班牙民间歌谣创造性地结合起来,创造出全新的诗体:节奏优美哀婉,形式多样,词句形象,想象丰富,民间色彩浓郁,易于吟唱,同时又显示出超凡的诗艺。主要作品有《诗集》《十四行诗》等。

仅仅停留在书本上,而且还真正去实践的诗人。

施耐德: 说佛教是由日本传来,大概是因为日本的佛教研究与活动,但事实上佛教来自中国。我们所学到的是中国佛教的日本式解读。

温伯格: 我知道,但我们一般都是从铃木大拙[1]的书启蒙的。

施耐德: 其实此前也有的,只是没有对诗人产生那么大的影响。有理雅各[2]和其他十九世纪的中国古典文学译者,还有芬诺洛萨的笔记[3]。芬诺洛萨是其中一座很重要的桥梁。就像温伯格刚说的,庞德的《中国》源于中国古诗的日语版本,而这些资料是由芬诺洛萨整理出来的。他的遗孀把它交给庞德说,研究一下吧,或许有点儿用处。

---

1 铃木大拙(Suzuki Teitaro Daisetz,1870—1966):日本禅学思想家。原名贞太郎,别号也风流居士。他因向西方介绍禅学而闻名于世,曾创办英文佛教杂志《东方佛教徒》,出版有《禅论集》(英文)等。

2 理雅各(James Legge,1815—1897):亦译詹姆斯·莱格,英国汉学家。曾任伦敦布道会传教士,英华书院校长,为近代英国第一位著名汉学家。1861—1886年将四书五经等中国典籍译出,共计二十八卷,与法国顾赛芬、德国卫礼贤并称汉籍欧译三大师。

3 芬诺洛萨(Ernest Fenollosa,1853—1908):美国汉学家、诗歌理论家。曾在日本工作二十多年,潜心研究日本和中国文化。1913年,他的遗孀把他的一些研究资料送给庞德,包括十六本笔记和尚未发表的一篇论文。

庞德关于日本能剧[1]的研究也是如此，都是从芬诺洛萨笔记中得到的材料。

温伯格：有趣的是，能剧并没怎么影响到美国，倒是影响了叶芝[2]。当庞德得到芬诺洛萨笔记时，他正和叶芝住在同一间小屋里。叶芝对能剧产生了极大的兴趣，开始写类似于爱尔兰"能剧"的戏剧，希望创造出一种完全不同的形式来。

施耐德：是啊，确实没有过。短剧流行过一阵，叶芝的戏剧也演过一段时间，但后来就不演了。它们会重新流行起来的。

温伯格：庞德的《诗章》（*Cantos*）也有一部分取材于能剧。在《诗章》创作初期，他认真考虑过能剧的表现形式。

---

1 能剧：日本最早的剧种，产生于十二世纪末宫廷、寺院的演艺大会和农村的艺能表演，十四世纪初出现许多演"能"的剧团。古典"艺能"实行世代相传的"宗家制度"，他们保持各自流派的艺风。"能"的流派是十七世纪以后形成的，共有观世流、宝生流、金春流、金刚流、喜多流五个流派。

2 叶芝（William Butler Yeats，1865—1939）：爱尔兰诗人、剧作家、批评家。一生共创作剧本二十七部，主要有《黛德尔》《鹰泉》等。其作品大都取材于古老的民间故事和英雄传说，带有浓厚的爱尔兰民族色彩，作品中不仅有高度凝练的对话，也有深沉抒情的合唱。是英语世界中最伟大的现代诗人之一，写有大量诗篇，著名的有《当你老了》《茵斯弗利岛》。1923年获诺贝尔文学奖。

施耐德：补充一点。我同意温伯格的说法，中国诗歌的确曾有过很大的影响，而这种影响其实一直还在延续。《中国》只是一本很粗略的诗集，在庞德之后影响大的，应是阿瑟·威利[1]，他译过很多中国诗歌，也写过关于禅与画的很有趣的文章，我上大学时读过。他还写了关于"古代中国的三种思考方式"，即儒教、道教和佛教。

温伯格：对很多人来说，这是对道教和儒教的一种引介。再就是王红公[2]，他对中国古典文学的翻译在五十年代很畅销，卖出十万册。这就是我所认知的中国诗歌，在王红公和盖瑞的寒山之间产生的一种连接。

施耐德：王红公出版的选集《日诗一百首》（*One Hundred More Poems from the Japanese*）和《汉诗一百首》（*One Hundred Poems from the Chinese*），都卖得很好，只不过这两种语言他都不怎么精通。我曾说过，诗歌翻译往往都是由错误组成的，随意曲解原意。王红公抓住了杜甫的基调，但并

---

1 阿瑟·威利（Arthur Waley, 1888—1966）：英国汉学家。使中国古诗进入西方普通读者视野。有译著《诗经》《论语》《猴》等。

2 王红公（Kenneth Rexroth, 1905—1982）：本名肯尼斯·雷克斯罗斯。美国诗人、翻译家。翻译出版过《汉诗一百首》《续汉诗一百首》《中国女诗人诗选》和《李清照诗全集》。

没有真正理解杜甫的内涵。

温伯格：还有一个问题，关于美国的荒野和西部的风景。你如何描述？基本上，美国西部的风景是由罗宾逊·杰弗斯[1]、王红公和盖瑞等人来描绘的。我想中国诗人对待自然的方式值得我们学习，探究如何描写这壮丽的美国土地，而这种方式还没有进入我们的诗歌。

施耐德：是啊，我也在努力。我年少时读过杰弗斯的东西，二十多岁又重读，我不太喜欢他文字中的那种忧郁，以及夸张的反人性。我也想反人性，但他做得太夸张了。他反对美国参与"二战"，因此被指控为"纳粹支持者"。但他自称是独立派，说美国不该介入欧洲和亚洲的事，战后也一直持此观点，直到死去。王红公则提供了另一种视角，他来自左派，但属于反斯大林派和反托洛茨基派，自称是无政府主义者（确实也没有更好的词了），或自称是自由论者，在真正的自由主义出现以前他就这样称呼自己了。

北　岛：你认为杰弗斯是个重要人物吗？

1　罗宾逊·杰弗斯（Robinson Jeffers，1887—1962）：美国诗人。1903年后永久居住于加利福尼亚州。1924年他因《塔木尔及其他诗》一举成名，他认为人世无常，仅上帝除外，人生不过感情罗网中一场狂野而可鄙的斗争，著有《酒壶与苹果》《杂色牡马》《饥饿的原野》等诗集。

施耐德：他对我们中的某些人来说是个重要人物。

温伯格：更像是开拓者。

施耐德：我们读的是他的思想，不是他的行文诗意。

北　岛：这让我想起几年前，我带女儿田田去拜访你，你提到美国东岸和西岸的区别：东岸的人更倾向欧洲，有一种优越感，诗歌也更学院派；而环太平洋地区的西岸人，更脚踏实地，与土地的关系密切得多。东西岸的思维与生活方式很不一样。

施耐德：是的，不仅在诗歌上，在社会上、商业上也如此。我从不觉得自己亲近大西洋。

北　岛：这对我们所说的诗歌地图来说重要吗？

施耐德：我只知道我属于环太平洋区域，也知道亚洲的位置，但我从来都不太注意欧洲在哪里。

温伯格：我觉得你把一些问题混淆了。首先，美国诗歌的分野在于以英国为基础还是以美国为基础，这是以威廉斯[1]为代表的先锋派与传统派的分歧所在。威廉斯和 T. S. 艾略

1　威廉·卡洛斯·威廉斯（William Carlos Williams，1883—1963）：美国诗人。早年在宾夕法尼亚大学学医，后留学德国。回国后在家乡行医。1952 年被任命为国会图书馆诗歌顾问。诗歌创作曾追随意象派，后革新诗歌形式，形成自己独特的客观主义自由诗体。主要作品有长诗《裴特森》和诗集《性情》等。

特之间的分歧,并不是欧洲与美国的对立,因为美国先锋派对欧洲大陆很感兴趣,受超现实主义[1]影响很大。比如洛尔迦,他在美国先锋派诗人中很火,但在传统派诗人中却没什么影响。王红公比盖瑞年纪大一点儿,他既欣赏中国和日本的文化,也欣赏基督教文化,尤其是带欧洲传统的非正统基督教文化,所以他是一座桥梁。而盖瑞呢,则是第一位直接面向亚洲的诗人,没有借助欧洲元素,他与超现实主义以及其他欧洲现代派运动都无关。我想盖瑞是这种类型的第一人,纯粹的新美国人。

施耐德:但是我确实从古典流派中学到了很多东西。我更像希腊人。我的思维是希腊式的而不是"犹太—基督教"式的。我读了奥维德[2]的《变形记》,也读了法兰兹·

---

1 现代西方文艺思潮。"一战"后先在瑞士出现达达主义,继在法国演变为超现实主义,由作家布勒东1924年在巴黎发表第一篇《超现实主义宣言》而得名。其哲学基础是主观唯心主义、直觉主义和弗洛伊德精神分析学说,认为"下意识的领域"、梦境、幻觉、本能比事实更能表现精神深处的真实,因而要求发掘久受压抑的潜意识世界,使它与具有主宰地位的理性统一而使人性臻于完美。

2 奥维德(Publius Ovidius Naso,前43—约公元17):古罗马诗人。生于骑士家庭。曾在罗马学习法律和修辞学,并游历各地。后因触犯奥古斯都大帝,被流放到黑海托米斯地区,死于该地。代表作长诗《变形记》叙述希腊、罗马神话故事,描写生动,内容丰富,欧洲不少文艺作品从中取材。

鲍亚士和约翰·斯万顿[1]选编的美国本土故事集。我反复读，觉得这些也没有那么不同嘛！奥维德对欧洲文化的贡献，正是鲍亚士对美国文化的贡献，只是我们还没有意识到。欧洲的传统政治或"犹太—基督教"传统文化，要么是柏拉图主义，要么是古典主义。

温伯格：这又要说回到意象派了，意象派是中国古典诗歌和希腊古典诗歌的产物。早期现代主义者从希腊诗歌得到了一种全新的阅读方式。现代美国诗歌的源起就像是希腊遇见中国。

施耐德：这真有意思。我还是挺喜欢洛尔迦的。我并非完全无视或厌倦欧洲的风格。但我的根基是在北美——本土的美国语言、传说、诗歌和故事。我要感谢梭罗给我的启迪。

北　岛：如果从诗歌地图来看，西方在种族迁徙和对抗中不断分化。大多数美国开拓者都是来自欧洲的，很多来自英国，美国人想摆脱英国上流社会包括诗歌在内的语言方

---

[1] 法兰兹·鲍亚士（Franz Boas，1858—1942）：德裔美国人类学家。被誉为"美国人类学之父"，曾在克拉克大学和哥伦比亚大学执教，著有《原始人的心理》《普通人类学》等。约翰·斯万顿（John Swanton，1873—1958）为其学生。

式，比如惠特曼。他们用各种方式把自己变为"新美国人"。

温伯格： 现代主义不就是从旧事物中创造出新的来吗？我指的是美国现代主义。它需要重新发现旧事物，十九世纪还不够旧，要去发掘更古老的源头。庞德回溯到中古时代的诗歌，诸如普罗旺斯式的行吟诗人[1]，回溯到古希腊，提供了全新的解读方式。这就是在解读过去的同时创造崭新的现在。我认为当代中国诗歌，尤其你们这一代，出于政治原因都受到西方很大的影响。中国当代诗歌首先要重新解读自己原本的古典诗歌。中国诗人都不爱读古诗，忘记了自己的根。想想看 T.S. 艾略特，他重新发掘了约翰·多恩[2]和安德鲁·马维尔[3]这样的英语诗人

---

1 行吟诗人活跃于十一至十四世纪的欧洲，起源于法国南部普罗旺斯，称为特鲁巴杜尔（troubadous），主要写作抒情诗，包括情歌、感兴诗、晨歌、暮歌、小夜曲等，多以爱情为题材。作者多为王公、教士、骑士等，约有四五百人，著名的有贝尔·维达尔（Peire Vidal）。

2 约翰·多恩（John Donne, 1572—1631）：英国诗人。玄学派诗歌创始人和主要代表。他和他开创的玄学诗派在十八世纪遭到冷落，到了二十世纪，现代派诗人叶芝、T.S. 艾略特等从多恩诗歌中广泛汲取营养，多恩因而被看成是现代派诗歌的先驱。

3 安德鲁·马维尔（Andrew Marvell, 1621—1678）：英国玄学派诗人。出身于教士家庭，毕业于剑桥大学，他一生写有哲理诗、抒情诗、赞美诗及讽刺诗共五十余首，代表作有《致羞怯的情人》。

和十八世纪超自然主义诗人。中国诗歌还没有学会从过去发掘新东西，将古典诗歌重新整合。那种对过去作品的现代解读尚未出现。我认为这是中国现代诗歌的一条出路。

施耐德：你们要把过去植入你们文化的根中，从而创造一种现实的新文化。中国在十九世纪就这么做了，通过阅读过去的文本来重振自己。

北　岛：如果说中国新文化有一个小小的传统的话，那么这个传统总是被外族入侵、革命、专政、商业化打断。而更甚的是，我们从一开始就陷入某种悖论式的困境中——语言的牢笼，这并不仅限于诗歌，包括所有的中文写作、艺术、评论几乎都用的是西方术语，就像镜子一样，我们无法从镜中逃离。上一期《今天》杂志把目光投向印度，我们编了中印作家对话专辑。下一步将选择日本、埃及、土耳其和俄国等古老文明，可以说，这是一个绕开西方重新发现自己的文化长征。这也是汉语现代转型的长征。

施耐德：那要花上一百年吧。

温伯格：你别忘了，现代主义也是从欧洲的混乱中发源而来的。那时欧洲正处于"一战"，非常可怕的战争，无意义的屠杀。从那场战争中归来的诗人和作家都想要为这个社会重新注入文明。一种方式是重新创造一种新的艺术，使其成为根基。你们则是从一种不同的混乱中逃出来的……

施耐德：背叛。

温伯格：……背叛，幻灭和绝望。我认为你们要回到源头去创造根基，与印度和土耳其的作家谈话当然有用，但就我所知你所指的印度作家也是受英国作家影响的，不是说印度的作家就是完全沉迷于自己本土的文化，其实他们的根基反而在英国。

施耐德：那些家伙要做和你们一样的事。

温伯格：阿拉伯的作家倒是有些自己的传统，但很多作家已经受西方影响很深了。你说的不是没有受过西方影响的"纯"印度作家，而是碰巧来自印度的受英式教育的作家。

北　岛：其实《今天》关注的是不同的古老文化与文明的现代化转型，为了找到西方以外更多的镜子。这个现代化转型包括语言的转型。如果从"五四"算起的话，现代汉语只有不到一百年的历史，而现代英语已有了四百年了。

温伯格：不全是如此。英语和所有的语言一样，也在慢慢进化。在中国也不是说，人们开始都用文言文，而突然之间所有人都开始写白话文了。我们现在也不会再说莎士比亚和伊丽莎白时期的语言。

北　岛：你不认为莎士比亚是现代英语的开端吗？

施耐德：他很靠近了，但语言已经变了，即使你仍能阅读莎士比亚。你要首先回到原点语言和书写系统中去。中国的语言系统是独特的，没有字母。我们此前曾讨论过如何用白话文来写小说，很难，因为没有字母系统，你无法读到它们的发音。拼音文字总是在不断地变化，但拼写变得不会那么快，总是要落后一两个世纪。英语需要被修订，才能适应实际的发音。与那种灵活多变的口语化的文学形成反差的，是相对稳定的语言形式，如法律语言。英语中的法律语言是不容任何模糊性的。这种语言的持久性比小说要长几个世纪。诗歌也比小说维持的时间久，如果小说中对话比较多的话，就要取决于书中是哪个阶级的人在说话了。小说语言极有弹性，你可以把方言和边缘社会的语言都放进你的故事中。而读到这些语言的人会很容易理解主角的形象。这是拼音文字的优势，同时也是劣势。而如何使用中文则确实是一个问题。如果我是世界的主宰，恐怕我会想要把中文变成一种半字母半文字的语言，像日文一样，这样就可以解决很多问题了。如果他们在描写方言时不想用正式文字，可以选择用假名。

温伯格：这让他们在写作时很有优势。

北　岛：昨晚我和高桥睦郎[1]聊天时，他谈到类似的话题。他说日语在这方面很成熟，可以很好地描写口语。这的确是中文的一个大问题。"五四"运动的动因之一就是由于书写与口语是两套完全不同的东西，我们称之为"白话文运动"，试图把我们说的话写出来。

施耐德：这真是个厉害的书写系统，令写作变得困难，本来就够高深莫测的了。

北　岛：我们换个话题吧，说说美国诗歌中的主流与非主流。现在的情况怎么样？艾略特编选的《1950年以来的美国诗歌》勾勒出很清晰的轮廓，为诗人重新分类。今天还是如此吗？尤其是在七十年代以来美国的创作课系统像怪兽一样不断扩张。

1　高桥睦郎（Takahashi Mutsuo，1937— ）：日本当代诗人、批评家，从少年时代开始同时创作短歌、俳句和现代诗。二十一岁出版处女诗集《米诺托，我的公牛》，之后，相继出版诗集和诗选集二十七部。

施耐德：跟你说，我并不关注这些。我在加州大学戴维斯分校教创作课时跟学生说，这里是幼儿园——我们讲的是语言，我们在学如何玩语言。我说，你们大多数都不会把写诗当作职业，只要弄清楚如何使用语言就行了，免得以后找工作被炒鱿鱼。诗歌不会给你一张当诗歌老师的许可证，顶多给你一张狩猎许可证。

温伯格：首先，我不认为分类有那么清晰，你首先必须是个出过书的作者，才会被包括在内。现在大概有一万个诗人。诗歌的种类太多了……就像"跳舞"这个词，包括萨尔萨或康宁汉（Merce Cunningham）等不同的舞蹈。在诗歌中，你有即兴表演诗（slam poetry）[1]，形式主义诗歌，如此分散的诗歌形式，不能再把美国诗歌看作单一的存在。相对来说，诗人的影响力也小多了。我常说，战后时期最好的诗选，是唐纳德·阿兰的《新美国诗》[2]，出版于1960年。书中几乎所有的诗人都在三十岁以

---

1 slam poetry，是一种在听众面前表演的诗歌。诗人站在场地上构思，毫无预先计划，如果这即兴诗做得很成功很美妙，那就像在篮球比赛中扣篮一样。

2 唐纳德·阿兰（Donald Allen，1912—2004）：美国出版人和翻译家。是荒诞派剧作家尤奈斯库最初的译者之一，其编辑出版的《1945—1960 新美国诗》影响力巨大。

下,或刚满三十。像盖瑞,罗伯特·克瑞利[1],约翰·阿什贝利[2],勒鲁瓦·琼斯(后改名阿米里·巴拉卡[Amiri Baraka])[3],都非常年轻,他们因写诗成名都在三十岁左右。而现在,估计你得熬到六十岁才有可能获得那样的影响力。如今我也会遇到对美国现代诗有激情的人,但我们读的书不一样,因为书太多了。而在六十年代,他读过的书我也读过。

施耐德:现在每个人都看电视,不怎么读书了。自创作课诞生,弄出这么多的诗人,写诗就像一个中产阶级的职业,此前从未有过。我总是说,在诗歌的生态世界中,最大的掠食者是金钱。每个人都是从年少时开始写诗,后来掠食者——金钱介入了,人们开始觉得要生存要赚钱,就去找了另一份工作。只有最坚定的人才会继续写

---

1 罗伯特·克瑞利(Robert Creeley,1926—2005):美国后现代诗人。和查理斯·奥尔森一起开创黑山诗派,其诗简短,抒情成分不多,作品包括小说《岛》,诗歌《碎片》《诗选》《记忆花园》等。
2 约翰·阿什贝利(John Ashbery,1927—):美国诗人。纽约派核心人物。1965年前任《先驱论坛报》艺术评论员,1974年起在大学任教。曾以诗集《凸面镜中的自画像》获美国国家图书奖和普利策奖。
3 勒鲁瓦·琼斯(LeRoi Jones,1934—):美国黑人诗人。在哈林建立定期换演剧码的黑人艺术剧场,是美国黑人艺术运动的领导人。诗集有《二十卷自杀笔记的序言》《死去了的讲师》《黑人艺术》等。

诗。现在呢，如果你从年少时开始写诗，也没必要停下来，因为你可以当创作课的老师，就这样，诗人的数量呈几何级数爆炸了。

北　岛：盖瑞，你觉得当今美国的诗歌创作在衰退吗？为此你能做些什么？

施耐德：这不在我的考虑范围以内。我认为真正重要的是我的散文写作，致力于探究文明与自然的问题、历史对自然态度的转变，以及环境政治学，现代文化如何向远古的生命与文明学习。我的《野性的实践》全都是关于这些问题的，那是我最好的散文集。还有一本，就是《空间的位置》(*A Place in Space: Ethics, Aesthetics, and Watersheds*)，关于不同文化的分水岭。我长期探究文化环境与散文写作，这些年几乎没写过文学评论。我很清楚，有人在这方面比我擅长，我有我的领域。

北　岛：艾略特，你的选集要扩充吗？

温伯格：是啊，我肯定要加进一些有趣的诗人，我指的是1992年的选本。那里面最新的诗人是迈克·帕尔玛(Michael Palmer)，现在也有六十五岁了。如果再继续编下去，我会囊括一些五十岁甚至四十岁的诗人，再年轻的诗人就不考虑了，因为太多了，很难挑选。几年前我第一次被邀请担任一个诗歌奖的评审，我要读六百本当年美国出版的诗集。令人失望的是，我没发现一个是自己认识的。有意思的是，其中每本都通过了初审，所有的都不错，好得很平庸。没有人试图出奇制胜，我本来盼着有本特别差的，找到一个坏诗人。但没有坏诗人，每个都不错。在我看来，创作课最大的问题是，本来在年轻时，你要写让自己羞愧的东西，尽量疯狂尽量尝试。然而当你要把自己作品给所谓"前辈"和"老师"评判时，你就尽量写得中庸了。因此就有了这么多的人写老师喜欢的东西，或让他们在班里看起来不那么傻的东西，而本来他们就应该试着做得像傻瓜，那才好。

北　　岛：我曾形容创作课系统就像生产流水线，质量不错，但都是一样的。

温伯格：现在有很多开创作课的学校，比如先锋派，专教你写先锋诗歌。你能找到各式各样的写作训练营。糟糕的是，先锋派已经完全学院化了。七十至八十年代的先锋派们，不再是在咖啡馆而是在现代语言协会发表宣言。所谓"语言派"，本应作为先锋派诗歌，却变成了在学院派语境下的理论语言。

施耐德：最让我受不了的是那些所谓"语言派"诗人，

根本就不懂他们的语言。他们对语言不感兴趣，连根基都没有，大多数连英语的元音是什么都不知道。我只欣赏比较个别的人，比如琳恩·海基尼安[1]。

北　岛：再换个话题。说到《今天》杂志，不得不提到中国与世界大的走势。中国的经济崛起，更加反衬着中国文化上的贫乏，多少像个暴发户。在过去十年中，体制化是个致命的问题。中国知识分子，包括作家、艺术家正消失在学院中。政府很聪明，给他们提供住房、高薪和头衔，让他们闭嘴，安居乐业，那等于精神自杀。美国有类似的情况吗？

施耐德：那艾略特和我就是个中庸的好例子，当我们是无家可归的边缘艺术家时，我们没有自杀；当我们拥有高薪和高校职位时，也没有自杀。我们到哪儿都是自由的，一边工作，一边写作，不会被金钱收买。这些年我一直与我执教的加州大学协商，我不想被卷到那里面去。他们想让我建一个学院，我不愿意；他们想让我多做点儿社会活动，我做了，但没全做。我教我想教的，其他

1　琳恩·海基尼安（Lyn Hejinian, 1941—　）：美国女诗人。出生于旧金山湾区，常年在加州大学伯克利分校工作、生活。代表作是《我的生命》。

时间都置身其外。我还是照样住在山里，比起学校，我更愿意到我所在的小区转转。身为一个普通的小区居民，我感到自豪。我是个独立派。

北　　岛： 艾略特，你怎么独善其身呢？你又不教书。

温伯格： 我从来都认为，学院是当代艺术的敌人，你去大学学的都是旧东西。而六十年代学生运动，说白了就是学生想学与当下相关的东西。大学经济改革后，学生变得更像是消费者，学校要满足消费者，也就是学生的需求。最终呢，课程表就有了当代文学，学生在文学课上，读那些他们不上大学也照样会读的现代文学作品。作家最好是脱离学院系统，我就是这么做的。

北　　岛： 美国大部分学院是由国家资助管理的，还多少保存某些实验性的精英文化，比如我们认识的小说家罗伯特·库弗[1]就在布朗大学教书。但问题是，学院与媒体及公众之间存在巨大的鸿沟，却没有桥梁衔接。

温伯格： 美国也许是地球上唯一一个没有文化部的国家。美国另一个独特之处在于，无视作家及知识分子。

1　罗伯特·库弗（Robert Coover, 1932—）：美国小说家。生于爱荷华州，布朗大学教授。作品有《打女佣的屁股》等。

在拉美，诗人为报纸写专栏很正常。北岛，你也在报纸上写专栏。大部分国家，如有任何社会、文化以及政治事件发生，报纸和电视都会立即询问作家和诗人。而美国只有极少数著名诗人能在公共论坛上发表关于这类言论，盖瑞是其中一个。而这在其他国家地区很普遍。比如，我去墨西哥，他们都不相信诗人不会出现在美国电视上，对他们是无法想象的。我在墨西哥上过很多次电视。布什执政期间，我写了一些政治评论，却收到质问我的信件：你的许可证在哪儿？你怎么能这么写？你只是个文学家罢了！在美国，报纸和电视是由记者和权威人士霸占的，不太会有人越界，除非是在某些方面极有建树的人，比如盖瑞之于环境问题。如果环境上出问题，也许会有美国的报纸去找盖瑞，但如果是银行倒闭，就不会找他了。

北　岛：盖瑞，从没有报纸请你写过专栏？

施耐德：1971年的《纽约时报》发过我的文章。

温伯格：没有哪个诗人给报纸写专栏。王红公有过，但那是在五六十年代，他恐怕是最后一个在媒体出现的诗人，他有个电台节目，也在报上开专栏。但其他人我再想不出来了。

施耐德：安德烈·寇卓斯卡[1]。

温伯格：对，寇卓斯卡在国家公共电台（NPR）干过。当然，艾伦·金斯堡是有广泛的公共影响力的……

北　岛：还有苏珊·桑塔格[2]。

温伯格：苏珊·桑塔格是欧洲学者的代表。"9·11"后，《纽约客》和《纽约时报》等报刊开始询问作家对"9·11"的反应，美国作家都很退缩，不太习惯谈论大的事件，比如，一位著名的普利策奖得主说："'9·11'让我回忆起父亲去世的那天。"另一个作家说："我洗了一个草药澡，并给前男友打了电话。"唯一把这件事放在大环境讲的就是苏珊·桑塔格，她为此也备受攻击，但至少她是唯一跳出了自己个人世界，没有讲那些鸡毛蒜皮琐事的知识分子。

---

1 安德烈·寇卓斯卡（Andrei Codrescu，1946— ）：美国诗人、小说家。出生于罗马尼亚，1965 年脱离该国，在意大利短暂停留后于 1966 年移居美国。
2 苏珊·桑塔格（Susan Sontag，1933—2004）：美国女作家、文化评论家。毕业于芝加哥大学。以撰写分析当代文化的文章著称。著有文集《反对阐释》《论摄影》及长篇小说《恩人》《死亡匣子》《火山恋人》等。

辑二

古老的敌意[1]

大约一个世纪前，奥地利诗人里尔克[2]在《安魂曲》中写下这样的诗句："因为生活和伟大的作品之间／总存在某种古老的敌意"。

二十世纪开始的岁月，在汉堡和不来梅之间的小镇沃尔普斯韦德（Worpswede）聚集不少艺术家和作家，包括里尔克。他们一起听音乐会、参观博物馆，在狂欢之夜乘马车郊游。其中有两位年轻漂亮的女画家就像姐妹俩，金发的叫波拉，黑发的叫克拉拉。里尔克更喜欢金发的

---

[1] 本文根据2011年7月20日在"香港书展"的演讲稿整理。
[2] 里尔克（Rainer Maria Rilke，1875—1926）：奥地利象征主义诗人。作品有《图像集》《祈祷书》等，后期作品《杜伊诺哀歌》和《献给俄耳普斯的十四行诗》，体现了对人生痛苦的思索。

波拉，但不愿意破坏这对理想的双重影像。在观望中，一场混乱的追逐组合，待尘埃落定，波拉跟别人订了婚。里尔克选择了黑发的克拉拉，与她结婚生女。七年后，波拉因难产死去，里尔克写下这首《安魂曲》献给她。

这段插曲，或许有助于我们了解里尔克的诗歌写作与个人生活的关系。纵观里尔克的一生，可谓动荡不安，仅在"第一次世界大战"爆发前的四年间，他就在欧洲近五十个地方居住或逗留。正如他在《秋日》一诗中写道："谁此刻没有房子，就不必建造，／谁此刻孤独，就永远孤独"。这正是他漂泊生涯的写照。

里尔克的这两句诗"因为生活和伟大的作品之间／总存在某种古老的敌意"，对我来说有如持久的钟声，绵延不绝，意味深长，尤其在当今乱世，或许可引发更深一层的思考——对于以写作为毕生事业的人来说，我们今天应该如何生活、如何写作、如何理解并处理生活与写作的关系。

所谓"古老的敌意"，从字面上来看，"古老的"指的是原初的、带有某种宿命色彩，可追溯到文字与书写的源头；"敌意"则是一种诗意的说法，指的是某种内在的紧张与悖论。

我们不妨设想，如果里尔克安居乐业，甚至是房地产商，挥金如土，他能写出像《秋日》和《杜伊诺哀歌》这样的传世之作吗？如果卡夫卡从未生活在父亲的阴影中，少年得志，婚姻幸福，一本本出书，整天忙着算版税，他能写出《城堡》和《审判》这样改变世界小说景观的作品吗？如果保尔·策兰的父母没有死于纳粹集中营，他没有饱经流亡之苦，会留下《死亡赋格》《卡罗那》等伟大的诗篇吗？

要说谁不想既过好日子，又写出伟大的作品呢？而这"古老的敌意"就是冥冥中上天的安排，两者似乎不能兼得。

也许有人会提出反证，比如美国诗人华莱士·史蒂文斯[1]，做过保险公司的高管，度过平静的一生，怎么也会写出《弹蓝色吉他的人》这样美国现代诗歌的经典之作？其实在表面的平静中，也可以找到某种潜在的"古老的敌意"。比如，他从小想当作家，遭到父亲反对，只好去

---

[1] 华莱士·史蒂文斯（Wallace Stevens，1879—1955）：美国诗人。大学就读于哈佛，后在纽约法学院获法律学位。1904年取得律师资格后，供职于康涅狄格州哈特福德意外事故保险公司，1934年就任副总裁。出版有诗集《风琴》等。

学法律，取得律师资格后进了保险公司。他其实一直生活在父权意志的阴影中。

我想从这两句诗出发，从三个层面谈谈"古老的敌意"。

就社会层面而言，"古老的敌意"是指作家和他所处的时代的紧张关系。无论生活在什么样的社会制度中，作家都应远离主流，对所有的权力及其话语持怀疑和批判立场。在今天，作家不仅是写作的手艺人，同时也是公共事物的见证人或参与者，这种双重身份的认同构成写作的动力之一。换句话说，如果没有这种社会性的"古老的敌意"，几乎不可能写出好作品。当今世界，金钱与权力共谋的全球化取代了东西方冷战的格局，变得更加扑朔迷离更加瞬息多变因而也更加危险。除了对正统意识形态的抵抗外，在一个庸俗化和娱乐化主导的商业时代，我们也必须对所谓"大众"的主流话语保持高度的警惕——在"民主化"的旗帜下，文学艺术往往会沦为牟取暴利的工具。作家必须持有复杂的立场和视角，在写作内外作出回应。

而这"古老的敌意"不能仅仅停留在政治层面。从人类历史的角度看，政治不过是短暂而表面的现象，如过眼烟云。作家要有长远而宽广的视野，包括对世界、历史、经济、社会、文化等诸多方面的深入观察与体验。

如果继续推进，必然会触及语言层面，那么"古老的敌意"指的是作家和母语之间的紧张关系。任何语言总是处在起承兴衰的变化中，作家要通过自己的写作给母语带来新的活力，尤其是在母语处在危机中的关键时刻。

托马斯·特朗斯特罗默说："语言是与刽子手步调一致的。因而我们必须找到新的语言。"三十多年前，中国人生活在以"毛文体"代表的官方话语的巨大阴影下。这种自1949年以来逐渐取得垄断地位的官方话语，几乎禁锢了每个人的思想方式和表达方式，甚至恋爱方式。那年头，词语与指涉的关系几乎都被固定化下来，比如，"太阳"就是毛泽东，"红色"就是革命，"母亲"就是祖国或者党。正是当时处于地下状态的现代诗歌，向这种僵化的官方话语提出挑战，最终打破了"与刽子手步调一致"的语言的牢笼，承先启后，推动了现代汉语的转型与发展。

如今我们面临的是完全不同的困境，现代汉语陷入新的危机——我们生活在一个充斥语言垃圾的时代。一方面，是无所不在的行话，包括学者的行话、商人的行话、政客的行话，等等；另一方面，是沉渣泛起的语言泡沫，包括娱乐语言、网络语言和新媒体语言。这两种语言看似相反,却存在某种同谋关系。在所谓全球化的网络时代,这种新的"与刽子手步调一致的"语言,与三十年前相比,虽表现形式相反,但同样让人因绝望而感到无力。每个作家应正视这一现实,通过写作恢复汉语的新鲜、丰富与敏锐,重新为世界命名。

最后是作家与自身的紧张关系,即作家对自己的"敌意"。换个通俗的说法,作家不仅要跟世界过不去,跟母语过不去,还得跟自己过不去。在我看来,一个严肃的作家,必须对自己的写作保持高度的警惕。

我在最近一本书的序言中写道:"写作是一门手艺。与其他手艺不同的是,这是心灵的手艺,要正心诚意,这是孤独的手艺,必一意孤行,否则随时都可能荒废。在这个意义上,每个以写作为毕生事业的手艺人,都要经受这一法则的考验,唯有诚惶诚恐,如履薄冰。"

海明威在《老人与海》中写道:"人生来就不是为了被打败的,人能够被毁灭,但是不能够被打败。"目睹某些同时代艺术家和作家的转变,让我深感惋惜,并借此不断提醒自己:与其说他们中很多人是被金钱被权力打败的,不如说是被自己打败的。换句话说,就是不再跟自己过不去,不再跟自己较劲儿了——其实这是最后一道防线,如果连这道防线都没有,就算是向这个世界彻底投降了,同流合污,无可救药。

我们生活在一个危机四伏的时代,一个需要不断追问和质疑的时代。在这样的大背景中,"古老的敌意"为以写作为毕生事业的人提供了特殊的现实感和精神向度。

我想顺便提一下所谓的"粉丝现象"。这本来是娱乐圈的事,现在扩展到文学界和整个文化界。我认为,这与我们文化中的"低幼化"(infantilization)倾向有关。"低幼化"是从精神分析学借用的概念,主要指人们自动降低智力水平的趋向。正如印度学者阿希斯·南迪[1]所指出的:"那么上千万人所经历的痛苦就将只能存活在人类的意识边缘,就像往常那样,成为代代相传然而渐渐退色的回忆。"

在这个意义上,某些作家和学者不再引导读者,而是不断降低写作标准,以迎合更多的读者。这是一种恶性循环,导致我们的文化(包括娱乐文化在内)不断粗鄙

---

[1] 阿希斯·南迪(Ashis Nandy,1937—):印度政治心理学家和社会学家。哲学博士。著有《压制和人类解放》《告别儿童时代》《亲密的敌人》等著作。

化、泡沫化。在我看来,"粉丝现象"基本上相当于小邪教,充满煽动与蛊惑色彩。教主(作者)骗钱骗色,教徒(粉丝)得到不同程度的自我心理安慰。

让我们再回到本文的开头,回到里尔克的《安魂曲》的诗句中:"因为生活与伟大的作品之间／总存在古老的敌意。"其实可怕的不是苦难与失败,而是我们对自己的处境浑然不知。如果在大国兴起的广告板后面,是一个民族的精神赤贫,我们有什么可值得骄傲的呢?

翻译与母语[1]

一

瓦尔特·本雅明在《译者的任务》中强调，翻译绝不只是两种僵死语言的简单转化。伟大的翻译注定会变成自己母语发展的一部分。在各种文学形式中，翻译承担"监视原作语言的成熟过程和自己语言生产阵痛"的特殊使命。[2] 从本雅明的这一论点出发，我甚至认为，从本质上来说，文学翻译（尤其是诗歌翻译）就是本国文学最重要的组成部分之一。由此推论，一个文学翻译发达的国家或

---

1 根据2011年8月8日在第三届"青海国际诗歌节"上的演讲稿整理。
2 瓦尔特·本雅明（Walter Benjamin，1892—1940）：德国哲学家、文学批评家。出版有《发达资本主义时代的抒情诗人》和《单向街》等作品。《译者的任务》是本雅明1923年为自己所译的《波德莱尔诗集》所作的序言。

地区，其自身的文学往往也会更丰富、更有生命力。

我们是个健忘的民族，这恐怕是导致我们的传统一再中断的原因。在中国诗歌翻译史上，我认为有必要提及一位诗人和一套丛书，那就是彭燕郊先生和他主持的外国诗歌翻译丛书"诗苑译林"。这是"五四"以来中国第一套大型外国诗歌翻译丛书。"诗苑译林"由湖南人民出版社出版，从1983年到1992年十年间共出书五十一种。其中有不少书初版后多次重印，有的重印达十次以上，如《拜伦抒情诗七十首》和《雪莱诗选》累计印数都高达四十余万册，《普希金抒情诗选》累计印数也有二十余万册。施蛰存在给丛书主编杨德豫的信中写道："'五四'运动以后，译诗出版物最少。'诗苑译林'出到现在，发表译诗数量已超了1919年至1979年所出译诗的总和。我相信你们这一项工作，对现今及未来的中国诗人会有很大的影响，颇有利于中国新诗的发展。"至于这套丛书的分量，只要看看译者的阵容和书名就可见一斑了，其中包括《戴望舒译诗集》《梁宗岱译诗集》《朱湘译诗集》《戈宝权译诗选》《德语六诗人选译》（冯至译）、《德语国家现代诗选》（绿原译）、《英国诗选》（卞之琳译）、《苏格兰诗选》（王佐良译）、《英国十四行诗抄》（屠岸译）、

《英国现代诗选》（查良铮译）、《法国七人诗选》（程抱一译）、《法国现代诗选》（罗洛译）、《域外诗抄》（施蛰存译）、《古希腊抒情诗选》（罗念生、水建馥译）、《印度古诗选》（金克木译）、《英国维多利亚时代诗选》（飞白译）、《图像与花朵》（陈敬容译）、《纪伯伦：先知，沙与沫》（冰心译）、《美国当代诗选》（郑敏译）等。"诗苑译林"在1992年无疾而终，这不能不说是汉语诗歌翻译的重大损失。

进入九十年代，在商业化大潮的冲击下，中国的诗歌翻译出现了重大危机。与戴望舒、冯至、卞之琳、穆旦、陈敬容、郑敏这样的老前辈相比，目前的翻译水平是不是非但没有进步，反而大大落后了？若真是如此，原因何在？

记得八十年代中期我为"诗苑译林"翻译了一本《北欧现代诗选》，作为出版者的湖南人民出版社有一套很严格的选稿与译校制度。首先要和主持"诗苑译林"丛书的彭燕郊先生协商，提出选题计划，再由懂外文的资深编辑对译本作出评估，提出修改建议，并最后把关。如今，眼见一本本错误百出、佶屈聱牙的译诗集立在书架上，真让人感到羞愧。

或许与"诗苑译林"有可比性的是另一套丛书——"二十世纪世界诗歌丛书"。这套由河北教育出版社出版的诗歌翻译丛书，自本世纪初问世以来接连出版了数十种。而这种财大气粗的"善举"，到底质量如何呢？我是深表怀疑的，虽说其中也包括了不少重要译者及优秀译作。就我所知，首先是操作层面的问题：没有严格的组稿和编审制度，从译者到选题过于随意，甚至连几乎不懂外语的人都滥竽充数。有个四川的译者就是一例。有关他的译文，我曾做过具体的文本分析，错误百出到可笑的地步。而他居然混迹于诗歌翻译界，俨然成了"大腕"，这套丛书中有好几本都是他译的。在我看来，河北教育出版社的初衷是好的，但由于制度性的硬伤，不仅构成对诗歌翻译及母语的伤害，而且还进一步误导在阅读中迷失方向的读者们。

二

让我们回顾一下"翻译文体"对中国现当代文学的深远影响。远的就不说了，自1949年以来，"翻译文体"在汉语中的地位变得异常突出。众所周知，自1949年新中国成立后,一种以毛泽东文体为主导的"官方话语"统治中国、中国人的思维和表达方式长达几十年,在"文化大革命"中达到登峰造极的地步。与此平行的则是一种独特的文体——"翻译文体"。它在六十年代末七十年代初为地下文学提供了文体基础。甚至可以说,没有"翻译文体"的诞生与发展,中国文学是否能走到今天,是无法想象的。

1949年以后,很多作家和诗人决定改行,包括当时最重要的青年诗人团体(后称"九叶派"),诸如查良铮(穆旦)、袁可嘉、陈敬容、郑敏等,还有一批被历次运动淘汰出局的作家和诗人,都改行搞文学翻译。他们大多数留过学,有扎实的外文基础和深厚的文化修养。

在一个特殊的历史时期,外国文学翻译成为特殊的避难所。许多作家和诗人借此避开官方话语的干扰,并部分地满足自己的创作欲望,由此"翻译文体"作为边缘形式得以发展,并在六十年代进入成熟期。这种文体上的成熟尤其体现在"黄皮书"上。这是从1962年至1966年由作家出版社出版的一套专供高干阅读的西方现代文学丛书,共有近百种。这套丛书对汉语的文学翻译具有某种革命性的意义——不仅系统地介绍了西方现代文学的经典，并且在翻译质量上达到前所未有的高度。

尽管"黄皮书"的发行受到严格限制，但由于"文化大革命"造成的混乱，特别是众多高干被打倒以及遍及全国的"抄家"狂潮，使得这些"黄皮书"流落到民间。而始于六十年代末的"上山下乡"运动，把处在社会巅峰的"红卫兵"抛到社会最底层。除了切身的社会实践，他们通过阅读与写作，重新思考中国的政治、经济、社会与文化等方面的问题。而"黄皮书"在"知识青年"中广为流传，成为最抢手的热门书。它不仅为处于地下状态的青年诗人与作家打开广阔的视野，更重要的是为他们提供了一种完全不同于官方话语的成熟的汉语文体。可以说，如果没有"翻译文体"提供的文体基础，也就没有真正的地下文学，而正是地下文学经过漫长的潜伏期，在七十年代末浮出地表，长成树林。

三

或许特别值得一提的是戴望舒译的《洛尔迦诗抄》。这是戴望舒在三十年代去西班牙旅行的结果。他到处听到人们在吟诵洛尔迦的诗歌，于是下决心学西班牙文并着手翻译，把译文陆续寄回中国，在一份文学刊物上发表。1955年戴望舒因病去世，《洛尔迦诗抄》经他的好友施蛰存先生整理，于1956年由人民文学出版社出版。到了"文化大革命"，《洛尔迦诗抄》偶然经过我们手中，引起极大的震动。可以毫不夸张地说，当年很多地下诗人都受到《洛尔迦诗抄》的影响。这是个很奇怪的现象——我们这代人几乎没有受到戴望舒的影响，而是受到他的翻译的影响。其实在戴望舒的翻译中，洛尔迦只占一小部分，但只有他译的洛尔迦最好，甚至很多年后众多译本出现，都无法跟他相比。

这里还涉及可译性的问题。我们发现，一个译者并不是什么诗都能翻好。这有两方面的问题，第一是诗歌自身生命力的问题，好的诗就是经得起不断翻译，好像转世投胎一样，那是生命的延长。第二是译者与诗作的缘分。比如，洛尔迦与戴望舒就有一种特殊的缘分，并通过戴望舒在中文世界中复活了。

我以前说过，文学翻译处在母语与外语的边界上。而我如今重新调整了"定位系统"——在我看来，文学翻译处在母语的边界之内，它就是母语的一部分。

致 2049 年的读者[1]

2007 年春我住纽约,在林肯中心看了英国剧作家汤姆·斯托帕的话剧《乌托邦彼岸》。它展开了十九世纪一批俄国知识分子,包括巴枯宁、赫尔岑、别林斯基、屠格涅夫、车尔尼雪夫斯基等人的机遇与命运,时间跨度从 1833 年直到 1868 年;舞台在莫斯科、巴黎、伦敦、日内瓦等欧洲城市之间转动。正是由于一小撮俄国知识分子(最多一二十个人)的奋斗与献身,掀起了一场伟大的文化复兴运动,从而彻底改变了俄国文化风貌与精神质量及其在世界上的地位。

---

[1] 本文原题为《民族文化复兴之梦——致 2049 年的读者》,发表于《中国新闻周刊》2009 年第 37 期,为该刊策划的"给未来中国的九封信"之一。

看完话剧后，我和李陀、刘禾、西川等朋友在纽约有过一系列讨论。话题散漫，但焦点集中：中国是否有可能像俄国知识分子那样，在不远的将来掀起一场文化复兴运动，砥砺激发，交相辉映，以非凡而持久的创造力自立于世界民族之林。

此时此地，即2009年10月3日在香港——回首与展望，让我深感悲观甚至绝望：中国这一百年的进步（如果可借用这个词的话）付出多么巨大的代价，包括生命的代价、资源与环境的代价、教育的代价、公民权的代价，等等。对我来说，最大的还是创造力的代价。纵观百年，尤其近半个世纪以来，志士仁人关于民族复兴的梦想实现了吗？我们在文化上在文学艺术上有多少值得骄傲的成就呢？恰恰相反，到处是贫瘠与空旷，尤其在中华文明遗产和世界文化高峰的反衬下更加触目惊心。

那是一种巨大的精神混乱。更确切地说，中华民族走到今天反而迷失在黑暗中——失去了自我身份，失去了理想和方向感，失去了反省能力与创造性。"中华民族到了最危险的时候"，并非危言耸听。

如果说范仲淹《岳阳楼记》开篇所写的"政通人和，百废俱兴"是一种政治理想的话，其后的"不以物喜，不以己悲"、"先天下之忧而忧，后天下之乐而乐"则可以说是一种中国式理想的文化情怀。回首历史，朝代更迭与经济兴衰如过眼烟云，最终留下薪火相传的文化创造力，才是一个民族生生不息的立身之本。

2049年距今还有四十年。如果说我还有什么梦想的话，那就是中华民族早日从物质主义昏梦中醒过来，通过几代人的努力，掀起伟大的民族文化复兴运动，彻底改变我们的文化风貌和精神质量。

而文学艺术是民族文化复兴运动的关键，包括对汉语现代转型的推动作用，使之达到古汉语的完美境界。实现这一梦想有几个基本条件：

一、对中华文明遗产的梳理与重新定位，包括对"罢黜百家，独尊儒术"的矫正，让诸神复活，成为民族文化复兴运动的新动力。

二、以推动汉语的现代转型为目的，修订中小学语文课本，让汉语基础写作成为大学必修课。同时成立非官方的最高权威机构——汉语文学院，重写文学史，编纂相关辞典及各种文类的推荐选本等。

三、废除由国家豢养作家的体制，创办多种形式的国家与民间基金会，支持严肃文学写作，并拓展民间文学刊物的生存空间。

四、扩大以民间为主的国际文化交流，为汉语作家提供跨越语言与文化边界的机会，甚至提供在国外短期居住与创作的可能。

五、为了让翻译文学成为汉语文学的重要组成部分，在国家和私人基金会的支持下，建立专业的文学翻译队伍，提高翻译稿酬，并在出版前对翻译质量严格把关。

六、建立独立的文学艺术批评机制（与民间文学刊物相配合），批评与鼓励兼收并蓄，划清严肃写作与以网络为代表的新媒体写作的界限。

以上六点只是基本条件，所谓"天时地利人和"这三条往往都不可预测。但我相信钟摆走到头将反向而行——青年一代最终会厌倦或摒弃以物质主义为代表的时代潮流，集体反抗将为民族文化复兴运动带来新的转机。

从此时此地到 2049 年的中国，隔四十年的不测风云。谈论未来就是梦想，在这个意义上，"乌托邦"正是人类做梦的能力，"彼岸"正是梦的边界，而因为有了这种能力和边界，人类才有了方向和目标，才不会迷失在黑暗中。

如果说在纽约的讨论是前奏的话，那么大幕正在拉开，舞台徐徐转动，那些为民族文化复兴做梦的人开始行动。

诗意地栖居在香港[1]

著名的老报人萨空了先生曾在三十年代末这样写道:"今后中国文化的中心,至少将有一个时期要属于香港。"

我在香港定居两年半了[2],一直在寻找香港的文化定位,因为那是寻找我自身定位的重要的参照系。最近我读了陈冠中先生写的文章《九十分钟香港社会文化史》(收在牛津大学出版社《下一个十年:香港的光荣年代?》一书中)。这篇文章让我很震动:一是陈冠中先生把长达一个半世纪以来香港社会文化的源流讲得如此清晰透彻,再就是这香港社会文化的演变如此跌宕起伏惊

---

[1] 2010年3月19日在香港中央图书馆"博文讲座"上的演讲。
[2] 作者于2007年8月从美国搬到香港,在香港中文大学任教。

心动魄,我为自己的孤陋寡闻而羞愧。

香港的文学与文化曾几度繁荣,花开花落,而萨空了先生的夙愿至今还未实现。不仅如此,今日香港离此目标越来越远,让我们不得不面对更加残酷的社会现实:在香港,金钱就是上帝,血压随股票升降,月亮为楼市圆缺;在香港,全世界最富有的资本家,为了卖掉自己的灵魂,甚至精心操控超级市场平日与周末的价格差;在香港,两极分化深如沟壑,在发达国家(地区)中基尼系数排第一,但不必担心穷人造反;在香港,平等的光滑表面下是森严的等级制度,在金字塔的最底层是流民、失业者和外籍佣人……

由于教书的缘故,我和年轻人接触较多。让我最担忧的还是香港的年轻一代。他们从出生那天起,就被送上一条生产流水线——他们的一生早已被注定。这条流水线看起来安全可靠,但代价是,他们的创造性与想象力被资本被父辈被媒体被网络劫持了——他们没有好奇心,没有视野,没有读书欲,没有独立性,没有自我表达能力,是的,他们一无所有。我相信,香港年轻人的自杀率与此有关,年轻人普遍的心理问题与此有关。

让我深感忧虑的是,年轻一代是香港的现在与未来,没有他们的创造性与想象力的加入，一个再富裕的香港也是没什么希望的。为了他们，必须改变香港这恶劣的文化生态环境，这是每个住在香港的作家与知识分子的责任。而我们能做的，是如何激发他们打开心灵的空间，诗意的空间，创造与想象的空间。

什么是诗意？"诗意的栖居"，如今几乎已成了房地产开发商的广告用语，甚至和"豪华典雅，高尚至尊，欧式风格"之类的陈词滥调混同。我想在这里有必要重温经典，看看二十世纪的德国哲学家海德格尔到底是怎么说的。

在《人诗意地栖居》[1]一文中，海德格尔是从引用德国诗人荷尔德林[2]的诗句开始的："'……人诗意地栖

---

1 海德格尔（Martin Heidegger，1889—1976）：德国哲学家，存在主义主要代表之一。毕生重视探求"存在"的意义。主要著作有《存在与时间》《论真理的本质》。《人诗意地栖居》一文收录于海德格尔的《演讲与论文集》，本文所引用的词句由孙周兴译。
2 荷尔德林（Friedrich Holderlin，1770—1843）：德国诗人。诗作有《自由颂歌》《致德国人》等。三十岁后精神失常。"人诗意地栖居"来自于其诗作《在明媚的天色下》（孙周兴译）的核心段落：
   如果生活纯属劳累，
   人还能举目仰望说：
   我也甘于存在吗？是的！
   只要善良，这种纯真，尚与人心同在，

居……'说诗人偶尔诗意地栖居,好像还勉强过得去。但这里说的是'人',即每个人都在诗意地栖居,这是怎么回事呢?难道一切栖居不是与诗意格格不入吗?我们的栖居为住房短缺所困扰。即便不是这样,我们今日的栖居也因劳作而备受折磨,因趋功逐利而不得安宁,因娱乐和消遣活动而迷惘……"

他接着写道:"这一诗句说的是人之栖居。它并非描绘今天的栖居状况。它首先并没有断言,栖居意味占用住宅。它也没有说,诗意完全表现在诗人想象力的非现实游戏中……进一步讲,也许两者相互包容,也就是说,栖居是以诗意为根基的。如果我们真的如此推断,那么,

---

(接上页)人就不无欣喜
  以神性来度量自身。

  神莫测而不可知吗?
  神如苍天昭然显明吗?
  我宁愿信奉后者。
  神本是人的尺度。
  充满劳绩,但人诗意地,
  栖居在这片大地上。我要说
  星光璀璨的夜之阴影
  也难与人的纯洁相匹敌。
  人是神性的形象。
  大地上有没有尺度?

我们就必得从本质上去思考栖居和作诗。如果我们并不回避这一点,就要从栖居方面来思考人们在一般意义上所说的人之生存……"

最后的结论是:"无论在何种情形下,只有当我们知道了诗意,我们才能体验到我们的非诗意栖居,以及我们何以非诗意地栖居。只有当我们保持对诗意的关注,我们方可期待,非诗意栖居的转折是否以及何时在我们这里出现。只有当我们严肃对待诗意时,我们才能向自己证明,我们的所作所为如何以及在多大程度上能对这一转折作出贡献……"

总而言之,所谓栖居是指人的生存状态,所谓诗意是指通过诗歌获得心灵的解放与自由,而诗意的栖居就是寻找人的精神家园。从海德格尔这一论断出发,我们不得不进一步追问,人如何诗意地栖居在香港?

值得庆幸的是,与内地相比,和大中华地区的许多城市相比,香港有众多的优势:一、行政主权的相对独立;二、基本完善的法制社会;三、言论自由和出版自由。

再有,香港具备成为国际文化都市所需的基本条件。哪些是基本条件呢?一、主流的国际语言——目前是英文,下一步有可能是与之并行的中文;二、多民族多语种多文化的混杂与共存；三、历史悠久，传统资源充沛；四、经济与金融的国际地位；五、高等教育的中心。

当我们说到无所不在的经济全球化，其实还有另一种与之抗衡的全球化，那是保护地方差异的全球化，弱势语言、民族与文化共生的全球化，抗拒商业化娱乐化的严肃文学与文化的全球化。按陈冠中先生的说法，可称为"杂种世界主义"。他对此作了进一步的说明："杂种世界主义的文化跨越了国族疆界，既是传统也是现代，既是东方也是西方，既是本国也是外国和跨国的，既是本地的也是跨越的，既是国内多数民族的，也是国内少数民族的，不光是多文化并列，而且互相混杂。"

人诗意地在栖居在香港，这不仅是一种假设，而确实有通向现实的途径。

2009年11月下旬，香港中文大学东亚研究中心等机构联合举办了"另一种声音：香港国际诗歌之夜"。七位著名的国际诗人和十几位来自港台和内地的诗人参加了这一盛会，听众总数达两千人次；开幕式采用网络现场直播，全部朗诵配有同步的中英文字幕，并穿插音乐、画面与文字互动的拼贴剪辑；"粤语诗歌之夜"专场，强调国际化背景下方言的重要性；两场专题研讨会"另一种声音"和"诗歌与翻译",加强诗人之间的交流;与参与主办的拔萃男书院的学生座谈,使诗歌教育进入中学;由香港中文大学出版社出版了多语种的诗歌专集《另一种声音》。这无疑是香港有史以来规模最大的诗歌活动,我们决定把这一国际诗歌节固定下来,每两年一届。下一届"香港国际诗歌之夜"将于2011年秋天举办。

当然,为了"诗意地栖居",靠国际诗歌节这类的大型活动是远远不够的,更重要的是要让诗歌成为我们精神生活的日常形态。在利希慎基金的资助下,我们从去年秋天起,每年请两位国际诗人到香港访问,逗留两周。为此,我们要做好事先准备,首先由牛津大学出版社为每位来访诗人出版双语对照诗集,并组织专门的工作坊进行导读和讨论。诗人在港期间,将举办多种形式的诗歌活动,包括诗歌朗诵会、专题研讨会以及与大中学生见面的座谈会。目前已来访的国际诗人有日本的谷川俊太郎和美国的迈克·帕尔玛。我相信,这一系列多样化的诗歌活动,将会与大型的国际诗歌节形成互补关系,以独特的织体改变我们平板而单调的生活质感。

人们大概会把我归入所谓"南来作家"的行列,尽管我分不清东南西北,不知道为什么叫"南来作家"。那是一个长长的名单，其中不少是中国现代文学史上的重要人物。香港成为他们的过路码头、临时避难所或最后的归宿，为他们提供了生存与写作的空间，他们也通过写作和文学活动回报了香港。在海外漂泊了二十年，命运冥冥中把我带到香港，在此安家落户，这是宿命。正如我在开篇所说的，在寻找自身定位的同时，我也在寻找香港的文化定位。我希望通过我的写作与文学活动，回报这收留又一个流浪者的名叫香港的地方。

缺席与在场[1]

2009年11月11日在第二届"中坤国际诗歌奖"
上的获奖致辞

1972年年初,我把刚完成的《你好,百花山》一诗初稿拿给父亲看,没想到他责令我马上烧掉,其中一句"绿色的阳光在缝隙里流窜"把他吓坏了。我看见他眼中的恐惧,只好照办。此后我再也没把自己的作品给他看。

我想借助这一往事,请在座的各位跟我一起回溯源头,寻找汉语诗歌当年的困境。在那些年头,词与物的关系被固定了,任何颠覆都会付出巨大的代价,甚至生

---

[1] 由北岛的妻子甘琦代读。"中坤国际诗歌奖"创立于2007年,由帕米尔文化艺术研究院主办,每两年颁发一次。2009年,北岛获得"中坤国际诗歌奖"A奖,该奖项授予"全球范围内母语为中文且创作成就卓著的诗人"。评委会秘书长唐晓渡表示,作为最具国际声望的中国诗人,北岛此次获奖是一个"迟到的荣誉"。

命。不得不承认，我们当时处在一个多么低的起点，仅仅为捍卫汉语的基本权利而斗争。"前不见古人后不见来者"——当时既不知道前有"九叶派"，也不知道后有"第三代"[1]。或许正是由于绝望和对绝望的反抗，一系列诗歌事件发生了。

1973年，芒克写下"太阳升起来，天空这血淋淋的盾牌"（《天空》）。同一年多多也写下"你创造，从东方升起，你不自由，像一枚四海通用的钱！"（《致太阳》）今天人们很难想象，为太阳重新命名意味着什么。

1969年郭路生的诗开风气之先，并随"上山下乡运动"广泛流传，一场地下诗歌运动蓄势待发。如果把这一年作为分水岭的话，那么这四十年来我们到底做了什么，走了多远。我想至少我们做了一件大事：彻底颠覆了官方话语的统治地位，解构了词与物的固定关系，恢复了汉语的自由与尊严，并推动了这一古老语言的现代

---

1 "第三代"是相对的概念，区别于1949—1976年间出现的"第一代"，以及以"今天派"为代表的"第二代"。一般指"今天派"以后到九十年代这段时间出现的一批诗人。在"第三代"浪潮中，涌现出非非主义、莽汉主义、整体主义等流派，出现了"他们"文学社、"海上"诗群等文学团体。代表人物有韩东、于坚、西川、周伦佑等。

缺席与在场　181

转型。

然而,四十年后的今天,汉语诗歌再度危机四伏。由于商业化与体制化合围的铜墙铁壁,由于全球化导致地方性差异的消失,由于新媒体所带来的新洗脑方式,汉语在解放的狂欢中耗尽能量而走向衰竭。词与物,和当年的困境刚好相反,出现严重的脱节——词若游魂,无物可指可托,聚散离合,成为自生自灭的泡沫和无土繁殖的花草。诗歌与世界无关,与人类的苦难经验无关,因而失去命名的功能及精神向度。这甚至比四十年前的危机更可怕。

从此时此地回首,进入视野的先是"五四"运动——新诗诞生的地平线,背后是源自《诗经》,由民族苦难与审美经验共筑的三千年的连绵山脉,四周是人类众多语言文化交相辉映的诗歌群峰。如果说九十年前新诗还处在地平线上的话,那么经过几代人的跋涉,我们终于爬上了一个小山坡。

与民族命运一起,汉语诗歌走在现代转型的路上,没有退路,只能往前走,尽管向前的路不一定是向上的路——这是悲哀的宿命,也是再生的机缘。

人世沧桑,众声喧哗。一个民间诗歌奖或许有多重意义。对我来说重要的是，在时光流逝中造成停顿——瞻前顾后，左思右想。一个人二十岁的骄傲和六十岁的悲观，或许是一种平衡，在彼此观照中获得某种悲喜剧效果。

在此，要特别感谢"中坤诗歌奖"评委会的各位评委，你们为我提供了一个缺席演讲的机会。正因为缺席，才会领悟我们所拥有的空间；正因为缺席，才会探知这镀金时代的痛点；正因为缺席，才会让命名万物的词发出叫喊。

失败之书[1]

写诗写久了总被人家斜眼,后来开始写散文似乎才得到宽恕。我堂妹事先声明:"你的诗集就免了,等散文集出来再送我。"写诗的因诗歌的异端而受牵连,被认为神经有毛病;写散文的知书达理秉公天下,活得堂堂正正。

中国是个现在进行时的散文大国,那浩浩荡荡的报纸专栏、休闲杂志、文化网站所造就的散文作家,何止千万。要说散文比较符合我们的国情,和广阔天地、人口密度、信息交流、民族性格有关,和商业化有关。四川的茶馆是散文,北京的出租车是散文,学府师爷的宏论是散文,白领小姐的手机短信息也是散文。

---

[1] 本文为散文集《失败之书》序,汕头大学出版社,2004年。

我小学写作文,常得到董静波老师的好评,并拿到班上宣读。记得当时我的心怦怦乱跳。那是一种公开发表的初级阶段,甚至可以说,董老师是我的第一位编辑与出版者。近半个世纪后,我去看望董老师,她身体尚好,但由于腿脚不便终日卧床。我带去了我的台湾版的散文集。她眼镜后面那慈祥的笑容如旧。我像一个夕阳中的孩子,惶恐而温暖。

散文往往是中年心态的折射,与荷尔蒙、血压及心跳速度等生理因素有关。就像一个下山的人,需要调节呼吸,放慢步伐,"采菊东篱下,悠然见南山。"怀旧在所难免,那是对气喘吁吁的爬山过程的回顾,对山的高度以及风险的再认识。

散文与漂泊之间,按时髦说法,有一种互文关系:散文是在文字中的漂泊,而漂泊是地理与社会意义上的书写。自1989年到1993年四年内,我住过七个国家,搬了十五次家。这就是一种散文语境。这些日子你都去哪儿了?干了什么?这是诗歌交待不清的。"我在语言中漂流,死亡的乐器充满了冰"(《二月》);"必须修改背景,你才能够重返故乡"(《背景》)——诗歌最多能点睛,而不能画龙,画龙非得靠只鳞片爪的勾勒连缀才成。

1997年春艾伦·金斯堡去世，我写了篇纪念文章，那是我写散文的开始。金斯堡这个"垮掉一代"之父，在生活中是个挺好玩的怪人，恣意妄为，我行我素，完全没被美国主流意识形态中的"政治正确"匡正。我跟他1984年相识，萍水相逢而已，若没有后来的流亡，就不可能成为朋友。意犹未尽，在他逝世周年，我又写了《诗人之死》。文章是这样结尾的："诗人之死，并没有为这大地增加或减少什么，虽然他的墓碑有碍观瞻，虽然他的书构成污染，虽然他的精神沙砾影响那庞大机器的正常运转。"正是由于漂泊，我结识了施耐德、帕斯、特朗斯特罗默、布莱顿巴赫[1]等其他国际知名作家，也结识了像芥末和于泳这样随风浪沉浮的小人物。

我得感谢这些年的漂泊，使我远离中心，脱离浮躁，让生命真正浮潜下来。在北欧的漫漫长夜，我一次次陷入绝望，默默祈祷，为了此刻也为了来生，为了战胜内心的软弱。我在一次采访中说过："流亡是穿越虚无的没有终点的旅行。"经历过无边的虚无才知道存在有限的意义。

---

1 布莱顿·布莱顿巴赫（Breyten Breytenbach，1939— ）：南非作家、画家。曾入狱七年，后以被捕和坐监为题材，完成回忆录《一个患白化症恐怖分子的真实自白》。

我女儿田田在我的散文中扮演了重要的角色，虽然她并不常出现。她既是我漂泊之舟的锚，又是推动我写作的潜在读者。我有时给她读一些片断，她的中文不够好，似懂非懂。但我相信有一天她会终有所悟。我想给她讲一些我亲身经历的故事，其中有历史面具上一个人的泪，有权力破碎的神话及其敌人；而我们会超越这一切，延伸到国家以外的道路上，有我和她，还有很多人。

远 行[1]

1978年底,《今天》秘密诞生在北京郊区一间狭小的农舍。作为1949年后第一份非官方的文学刊物,它张贴在北京的政府机关、出版社和大学区。两年后被警察查封,1990年夏天在海外复刊。三十年过去了。历史似乎不能前瞻,只能回首,穿过岁月风尘,我们看到那几个围一台破旧油印机忙碌的年轻人,而他们看不到我们。

《今天》在中国出现,无疑与"文化大革命"中成长的那代人有关。他们在迷失中寻找出路,在下沉中获得力量,在集体失语的沉默中呐喊,为此甚至不惜付出生命的代价。《今天》的影响远远超出文学以外,遍及美

---

[1] 2008年12月13日在《今天》杂志创刊三十周年纪念会上的致辞。

术、电影、戏剧、摄影等其他艺术门类，成为中国当代先锋文学与艺术的开端。

三十年以来，中国发生了前所未有的变化。和早期《今天》相比，在海外复刊的《今天》面临远为复杂的局面：权力与商业化的共谋，娱乐的泡沫引导新时代潮流，知识界在体制陷阱中犬儒化的倾向，以及汉语在解放的狂欢中分崩离析的危险。

我要特别强调的是，一个民族需要的是精神的天空，特别是在一个物质主义的时代。没有想象与激情，一个再富裕的民族也是贫穷的，一个再强大的民族也是衰弱的。在这个意义上，《今天》又回到它最初的起点：它反抗的绝不仅仅是专制，而是语言的暴力、审美的平庸和生活的猥琐。

一本油印的中文刊物漂洋过海，在另一种语言的环境中幸存下来，也许这就是所谓的全球化吧。在这个意义上，依我看至少有两种全球化：一种是权力与资本共同瓜分世界的全球化，还有一种是语言和精神的种子在风暴中四海为家的全球化。

在这里，我们和朋友们欢聚一堂。这并非为了告别的纪念，而是为了送《今天》远行，让我们更勇敢地面对危机迎接挑战。我相信,在大家的祝愿下,《今天》一定会走得更远,远到天边,直到和当年那些年轻人,和明天的孩子的身影合在一起。

附　录
致 读 者[1]

《今天》于1978年12月在北京创刊,1980年12月被迫停刊,1990年在海外复刊。三十年过去了。

这三十年,中国与世界都发生了巨大的变化。作为一份文学刊物,既是见证人又是亲历者,《今天》穿过大大小小的历史事件,留下自己的独特轨迹。

《今天》从北京亮马河畔出发,通过13路公共汽车路线(田晓青语),把东四十四条七十六号、张自忠路四号、三不老胡同一号等地点串到一起,再扩展到西单、八一湖、紫竹院、圆明园、樱桃沟、云水洞。而复刊后

---

[1] 《今天》创刊三十周年致辞,发表于2009年《今天》春季号。发表署名:今天编辑部。

的《今天》进一步扩大了版图,从奥斯陆出发,到斯德哥尔摩、纽约、洛杉矶、千橡城(Thousand Oaks)、戴维斯(Davis),外延几乎扩展到全世界——伦敦、布拉格、海德堡、柏林、鹿特丹、莱顿、迈阿密、芝加哥、南湾(South Bend)、新德里等。最近它又开始往回返,到了香港和北京。

三十年和数万里,这时空跨度与转换,或许就是这份刊物的宿命——从创刊那天起,它就走上一条不归路。《今天》的游历与远征,与中国的现代化转型有关,与体制话语的压迫与反抗有关,与权力和资本的全球化共谋有关,与阴郁的现实背景中的"少年中国"精神有关,与一代人的成长经历与梦想有关。这是一个很长的故事,可以有很多种讲法,但也可简而言之:无论中国与世界的变化多大,有这么一拨人,愿终其一生守护文学这盏灯。只要有一盏灯,黑暗就不再是黑暗。

我们正面临前所未有的危机:文学正失去意义,失去自身存在的理由。具有讽刺意味的是,文学出版物、网络写作、各种媒体文字,每年生产量恐怕超过人类历史上的总和。可那不再是文学,是文学的替代品或垃圾。而这样的危机,或许反而突显《今天》存在的必要。

纵观文学史，凡是成功的文学革命，绝大部分都与联盟、结社、沙龙或刊物为中心的精英群体有关，这种群体保护了作家的才华和热情，让他们得以在专横的统治和庸众的包围中特立独行，砥砺前行。由于种种原因，如今这种群体的基础被逐渐瓦解，成为一盘散沙。而《今天》却保持初创时的凝聚力，聚集一批理想主义者，把始于三十年前的文学革命坚持下去。正是在这个意义上，"《今天》使所有可能成为兄弟姐妹的人成为了兄弟姐妹"（西川语）。

《今天》开创了一个新的文学时代，其动力正是恣意妄为的少年精神，这是理解《今天》生生不息的关键。作为编者，我们希望《今天》永葆这种少年精神，吸引更多热爱文学的年轻人。

《今天》是从"我不相信"开始的。在这面怀疑与反抗的旗帜下，我们不相信权力与资本称霸四方，我们不相信时间战胜青春的谣传，我们不相信君临天下的黑暗永存——

为此，《今天》愿与你同行。

硅谷的夏娃[1]

2005年6月底,由范迁开车,我们从伯克利出发,前往加州最北部的小镇尤瑞卡(Eureka)。老范不修边幅,胡子拉碴,他来美国学画画,一待二十多年,住在伯克利,近年来一心写小说,一发不可收拾,连出好几本。他无疑有写惊悚小说的天赋。如果你再介绍他是画家,他跟你急。本次出游牵头的是王瑞芸,她住洛杉矶附近,集西方美术史专家、散文家、家庭妇女和《今天》编辑部主任于一身,可见本事大。

我们一行在美国都是闲人,除了陈谦,她是硅谷某

---

1 本文为陈谦中篇小说《望断南飞雁》序。小说原载于2009年第12期《人民文学》,后于2010年由新星出版社出版。

公司计算机芯片设计高级工程师，听这头衔，能把我这样的外行吓着。在我看来，硅谷人跟外星人差不多——装芯片脑袋、光缆神经、纳米皮肤、液晶蓝血，外加一颗带电源开关的心。陈谦看起来挺正常：一个女人，一个轻松自在的女人。但以我多年四海漂泊练就的毒眼断定，她绝非凡人——表面上大大咧咧，实则深不可测。我们初次见面，一路说笑，很快就混熟了。让我更吃惊的是，她还写小说，据说写得很棒，连傲视天下的老范都自称是她的粉丝。

公路蜿蜒，深入无边无际的红木森林，枝干参天，光影斑驳，汽车就像玩具般不真实。本次旅行的终点是王瑞家——二层小楼就坐落在红木森林中，有人间天堂的所有好处，包括寂寞。王瑞那时在州立大学洪堡分校教书。此行的目的之一，就是与他分享寂寞。

杯盘狼藉，方显英雄本色的还是卡拉OK——这全球华人的保留节目，用寂寞的方式排解寂寞，以毒攻毒。无论走到世界尽头还是赶上世界末日，非唱得死去活来不可。这容易引起误会，以为中国人是最勇敢最乐观最热爱音乐的民族。王瑞挺胸而立，那小号男高音爬升到云端，怎么也不肯下来；我也跟着扯起嗓子，欲与天公试比高;而陈谦浅唱低吟,似乎在倾听自己的心事——那幽井中的回声。

后来听说1995年她母亲去世,她开始动笔写作。说来创作的原动力,往往跟内伤有关,带有某种自我治疗性质。她的第一部长篇《爱在无爱的硅谷》,是关于硅谷的夏娃的故事。陈谦就是硅谷的夏娃,偷吃了小说这禁果。与伊甸园的夏娃不同,她是主动辞别硅谷的。

此后来往日渐频繁。或在老范家,或在我家,大家一起动手洗菜切肉,多由老范掌勺。其中有儒雅潇洒的常罡,他学音乐出身,弹得一手好钢琴,在伯克利开了一家小店铺,兼做古董生意,最近出了《海外拾珍记》一书,与他的收藏有关。还有愣头愣脑的诗人程宝林,他拿下美国文学创作硕士学位,后去夏威夷教书,在上学待业期间,家有贤妻,靠经营洗衣店维生。老范还带来一位窈窕淑女,笔名维维,不仅能诗擅文,还会跳肚皮舞——她一转身轻纱薄裙,呼啸带风,我们臊得不敢正视,屏住呼吸,待正襟危坐,才像金鱼那样到水面换气。

在我们的圈子里,陈谦是个隐身的主角——每次聚会都由她张罗,协调时间、落实搭车、买菜,然后把老范推到一线。于是小说家范迁从自画像的画框中笑眯眯地走出来，捋捋潦草的胡须，手持闪闪厨刀。

杯光烛影，大家谈文学谈艺术，直到深夜。让我想起当年的"地下沙龙"，今日偌大个中国，像这样的清谈不多了。听说国内的小说家聚在一起，谈的多是版税印数之类。看来"地下沙龙"已转移到国外，资本的专制与当年暴政差不离，驱使不肯就范的人边缘化，聚在一起，继续着关于文学的梦想。而梦想让人回到写作的原始状态。

俗话说"干一行爱一行"，小说家首先得爱小说写作这一行，这本来不言而喻。而所谓的专业化，正从内心深处侵蚀消解了这种爱，人们把本行当成铁饭碗，当成获取名利的"公器"。

在美国信教容易写作难。迷上写作这行，就等于自绝于上帝自绝于人民，甚至还得抛家舍业。这倒好，净化了海外严肃作者的队伍——无利可图，也就没什么骗子混进来。

陈谦写小说写到痴迷的程度。每天下班回家，先做饭再哄儿子入睡，然后坐到桌前，潜入自己的另一种时间中。在高强度的脑力劳动后接着写小说，非得走火入魔不可，连公司喝茶休息那工夫，她也会忍不住写几行。硅谷的亚当从不参加聚会，认为我们都是疯子，但他给夏娃自由，再晚回家也不抱怨。

在亚当的支持下，两年多前，陈谦离开供职多年的高科技界，终于有了更多的时间专心写作。近作包括中篇《特蕾莎的流氓犯》，是我推荐给《收获》的，发表后在国内引起很大的反响与关注，还有中篇《望断南飞雁》。让她用尽更多心血的是一部长篇，在反复修改。

两年多前我从加州搬到香港。身居闹市，常常想念加州的闲散，想念与文学有关的清谈，想念湾区爱文学的朋友们。陈谦倒是满世界跑，也来过香港。我有时去逛逛她的博客"茶茶道，非常道"，窥视她写作以外的生活，看来小日子过得不错，博客门扉上的题词是"无聊才读书，有聊多喝茶"。

记得一天早上，我们坐在老范家的厨房吃早饭，透过窗户能看见茫茫雾海。陈谦突然说："只有坏人才能写出好小说，我就是个坏人。"说完孩子般淘气地大笑。

劝君更尽一杯酒

为葛小佳送行[1]

小佳，你要上路了，让我们给你送送行。来，先干了这杯。

我们同在戴维斯住了多年，却结识得比较晚，主要原因在我——为养家糊口，那些年我到处漂泊，很少在家。但我们一见如故，由于酒，由于心性，由于共同的朋友和话题。

你这个人真逗。记得头一次在你家小聚，在座的还有晓军夫妇和湘东夫妇，你东拉西扯，扯到你的家史，居然断言你们祖先是黑人。看你长得黑不溜秋，我还信

---

1 葛小佳（1954—2009）：心理学家和行为遗传学家，曾任美国明尼苏达大学资深教授、中国科学院心理研究所客座研究员及《心理学报》编委。2009年8月26日因病在明尼苏达辞世。

了。后来在香港见到你哥葛兆光,白面书生一个。我心想,这小子还真能白话(念 báihuo,北京方言,意为说大话),把我这走南闯北的都给唬住了。当然了,要按非洲是人类起源的学说,我们祖先都是黑人。

不过话又说回来了,你们哥儿俩从模样到性情都不像。要说你哥可比你有名,你不仅不在意,反倒真心为他感到骄傲,这在你言谈话语中处处显露出来。总之,你并没活在你哥的阴影下:他是历史学家、思想史学家,你是儿童心理学家,乍看隔行如隔山,其实历史与儿童,思想史与心理学恰好有镜像关系,相辅相成。

小佳,再来一杯。其实你这人可不简单,单看学历就够吓人的:你在川大本科读社会学,厦大研究生转向人类学,最后在美国拿到的是心理学博士,再加上在加州大学戴维斯分校和明尼苏达大学教了那么多年书。从知识谱系到地理空间,你见多识广。

说到你的专业,我想周围的哥们儿没几个人知道。心理学只是大地图,你所在的区域是儿童心理学,再往细说,具体到你的研究领域,就得借助放大镜了。我从网上找到国内《心理学报》2008 年第 10 期,是你编的行为遗传学特辑,有你写的"编者按"。我来引用其中一段,让哥们儿知道你在干什么："行为遗传学，顾名思义，也就是研究遗传因素如何对行为发生影响的学问。传统的行为遗传学主要借助孪生子及养子女作为手段，加以统计量化分析，以推算遗传和环境对行为、情感、认知或智商等心理特征的影响。随近年来分子遗传学的发展及应用的便利，行为遗传学者也更多地采用分子遗传学的手段来考虑环境和基因的交互作用对人类行为和心理的影响……"这是多么孤独的行业啊，我看比写诗强不到哪儿去。

注意，"编者按"标明2008年夏天写于明尼苏达，正好一年前。我敢说，你那时尚未发现任何死亡的阴影，正享受明尼苏达明朗的夏天。

说到你的专业，我倒不陌生。大约三年多前，我夫人从北京回到戴维斯，处在极度焦虑中：我们儿子兜兜出生半年后，在北京被所谓专家断定有问题——反应速度慢，需要接受训练治疗。做母亲的自然心神不宁，悲极而泣，我怎么劝也没用，于是找到你。那天晚上赶到你家，我夫人汇报了兜兜的"病情"，包括带来的诊断书和治疗建议。你静静听罢，起身，断然说他们全是骗子，因为根据最新研究成果，根本不可能对婴儿行为做出跟踪与判断。

谢天谢地,兜兜如今聪明伶俐,行为能力应该超过同龄孩子的平均水平吧。幸亏有你的定心丸,除了钱财外,那些江湖骗子再也没骗走什么。

"将进酒,杯莫停,与君歌一曲,请君为我倾耳听。"你说死亡怎么就像赌博,让你赶上了。大家说出种种理由,比如抽烟、熬夜,外加工作不顺心。听说你要搬到明尼苏达双城去,我可警告过你,那里天寒地冻,市中心高楼全用空中走廊连接。我还记得你吐了口烟雾,笑说你不怕冷。

咱们干了最后这一杯。《阳关三叠》怎么唱来着:"劝君更尽一杯酒,西出阳关无故人。"要说每个人都走在这条道儿上,你先走一步,回头见。

2009年8月30日于香港

悲情往事

悼张枣[1]

我是 1985 年初春在重庆认识张枣的,算起来已有四分之一世纪了。那时我和老诗人彭燕郊及马高明正在筹备一本诗歌翻译杂志《国际诗坛》,与重庆出版社商谈出版的可能性。除了张枣,我也见到了柏桦和其他几位年轻诗人。那是一段难忘的时光。关于那次见面,柏桦在他的回忆录《左边》[2]中有详尽的记载。张枣当时年仅二十三岁,是四川外语学院的研究生,清瘦敏捷,才华

---

[1] 张枣(1962—2010):诗人。生于湖南长沙,毕业于湖南师范大学英语系,后考入四川外语学院念硕士,1986 年后常年旅居德国,并在图宾根大学任教。他曾担任在海外复刊的《今天》杂志的诗歌编辑多年。出版有诗集《春秋来信》,代表作包括《镜中》《何人斯》等。

[2] 柏桦,《左边:毛泽东时代的抒情诗人》,牛津大学出版社,2001 年。

横溢。记得他把他的一组诗给我看,包括《镜中》《何人斯》。大约一年后他去了德国,走前到北京办手续,我和朋友们还接待过他。

1989年夏天我在柏林住了四个月,专程去张枣就读的特里尔大学,他在那儿读博士。他非常孤独,我也是,我们同病相怜。《今天》在海外复刊不久,我请他担任诗歌编辑,他前后编了十几年,直到前几年才淡出。很多著名诗人和新手的诗作都是经过他发表在《今天》上,功不可没。

《今天》的另一位诗歌编辑是宋琳,住巴黎,而我先住丹麦,然后是荷兰,离得都不远。常常聚在一起。有一次,我们到特里尔附近一座由磨坊改建的别墅开编务会。德国女主人是通过朋友认识的。在磨坊还见到一对教声乐的俄国夫妇,女的是歌唱家。晚上我们喝了很多红酒,大唱俄国民歌和革命歌曲,把他们夫妇吓了一跳。

后来张枣拿到博士,到图宾根大学任教,安家落户。1995年夏天,我陪父母和女儿从巴黎去图宾根找张枣玩。他待老人和孩子很好,张枣通过一张 Isaac Stern(艾萨克·斯特恩)拉的一组小提琴名曲的唱盘,成了我女儿的音乐启蒙老师。直到现在我女儿还保存着这张唱盘。

张枣德文英文都好，但一直不怎么适应国外生活的寂寞，要说这是诗人作家必过的关坎。比如，他从来不喜欢西餐，每回到他家做客都是湖南腊肉什么的，加上大把辣椒。我们也常去当地的中国餐馆。有一次，他甚至找朋友专程开车带我到卢森堡去吃晚饭，那有一家很不错的中餐馆。他烟抽得凶，喜欢喝啤酒，每天晚上都喝得半醉。

最后一次见面是 2004 年春天，我去柏林参加活动，然后带老婆去图宾根看他。他的状态不太好，丢了工作，外加感情危机。家里乱糟糟的，儿子对着音响设备踢足球。

自九十年代末起，张枣开始经常回国，每次回来通电话，他都显得过度亢奋。大约在 2006 年，他要做出抉择，是否加入"海归"的队伍，彻底搬回去。我们通过几次很长的电话。因为我深知他性格的弱点，声色犬马和国内的浮躁气氛会毁了他。我说，你要回国，就意味着你将放弃诗歌。他完全同意，但他说他实在忍受不了国外的寂寞。

搬回北京后，我们还是通过几次电话，但发现可说的越来越少了，渐渐断了联系，有时能从朋友那儿得知他的行踪。去年（2009 年）12 月，柏桦告诉我他得了肺癌，让我大吃一惊,马上给他发了电邮,他简短回复了,最后一句话是:"我会坚持的。"

张枣无疑是中国当代诗歌的奇才。他对语言本身有一种近乎病态的敏感,写了不少极端的实验性之作,有的成功有的失败,无论如何,他对汉语现代诗歌有着特殊的贡献。他以对西方文学与文化的深入把握,反观并参悟博大精深的东方审美体系。他试图在这两者之间找到新的张力和熔点。

辑三

用另一双眼睛寻找幽灵[1]

与文学生涯同步的摄影

◎ 就先谈谈您是何时开始摄影的吧？怎么会喜欢上摄影的呢？

● 我七十年代初开始喜欢上摄影，为此给自己买了第一台照相机，捷克的爱好者牌双反，八十块钱，委托店二手货。那时候拍的差不多都是同学亲友聚会的场景。再就是那时我当建筑工人，给师傅们免费拍全家照。

比较职业的摄影经验是1974年秋天，我在北京六建三工区的特种钢厂工地干活。工地宣传科想搞一

---

[1] 访谈者：诗人、摄影家及《Lens.视觉》特约撰稿人沈祎。本文原发表于2010年5月《Lens.视觉》杂志，原题《照相机给了我另一双眼睛》。沈祎编选照片。

个"抓革命、促生产"的摄影展览,听说我经常给师傅拍照,就来找我。我很高兴,首先是逃避繁重的体力劳动,我是铁匠,整天抡大锤;再就是盘算怎么借这个机会完成构思中的一部中篇小说。在跟宣传科干事谈条件时,我满脑子想的都是这部小说。我提出首先要建一个暗房,因为当时的写作条件很差,跟众多师傅一起住工棚,晚上一到点就拉灯睡觉,我把自制的灯遮得严严的,还是怕影响人家。而暗房意味着独立的写作空间。他们居然同意了,反正也弄不太懂暗房是怎么回事,就建了一间二米乘二米的木板房,还根据我的要求,用黑红布双层窗帘遮得严严实实,门倒插。一个多月间,我完成了中篇小说《波动》初稿。这一段,我在关于七十年代的回忆录《断章》中有详细记载。

说来我的文学创作和摄影是同步进行的——那年月写作违禁,幸好有了这么个暗室,让我保持地下状态。工地干部每次想进来,我就说正在冲胶片或洗照片,等我收拾停当,布置好工作现场,才把他们放进来。由于不懂"高科技",他们被唬住了。在准备摄影展览的同时,我完成了中篇的初稿,还写了一些诗。

◎ 照片当时也开始拍了吧?

● 当然拍了,那是工作。但都是宣传照,比如工人劳动、起重机、盖厂房之类的照片。但摄影展览最终没办成,因为出事了。这篇中篇小说写完后,我给一个朋友看。他是地下文学的收藏家,手稿就放在他家了。他当时的身份是街道居委会团支部书记,他说他那儿最安全。我还是不放心,两三天后把手稿取回来了。他有一部很好的翻拍机,把很多地下文学作品都拍成胶片,或手抄下来——我担心他对我的手稿如法炮制,那可是犯罪证据呀。几个月后他被抓了,幸好我在此前把中篇手稿取走了。但警察还是抄到我以前写的短篇小说和诗歌,很快工地宣传科把我踢出来,当然暗室也就收回了。

　　就这样,我的摄影跟我的写作有很密切的关系。我利用摄影做掩护,给自己的写作寻找便利的条件,可以说最初就动机不纯。

◎ 暗房技术您在哪里学的?

● 在买第一台相机后,我和楼下的邻居(也是同班同学),一起买了个很笨重的放大机。从冲胶卷到放大照片都自己动手，这基本的暗房技术并不难。值得一提的是，自七十年代初我迷上了肖像摄影，主要是给女孩子拍肖像，也是动机不纯（笑）。我买了几个大灯泡，用三脚架调到不同的高度，用白床单当背景。

师傅——艾伦·金斯堡

◎ 搞得还挺像现在的棚拍的。

● 对，类似如今所谓的艺术摄影，拍得连丈夫都认不出自己老婆了（笑）。其实我的摄影一直停留在业余水平。七十年代末我们创办《今天》杂志后，接触到一些真正的摄影家，大都来自"四月影会"（那是个民间摄影团体，跟官方的摄影路数完全不同），看过人家的摄影作品，自己知道没戏了。从1979年起我在《新观察》工作，后来又调到《中国报导》。而摄影记者和文字记者分工不同，轮不上我拍照片。尽管我出去采访也带上照相机，但使用率极低。

说起来真的喜欢摄影还是1989年到了海外，漂泊旅行，随身总是带个小照相机。为了轻装前进，很少带专业相机。我用的第一个微型相机是 Olympus。
◎ 是胶片的吗?
● 是胶片的。我的摄影师傅算是艾伦·金斯堡吧,我在《蓝房子》一书的开篇专门提到这件事。他长期用 Olympus 的相机,金属壳,抽拉式,关键是完全手动的。卖摄影作品是金斯堡的三大收入来源之一。我记得那是 1990 年夏天,在首尔,我们一起参加世界诗人大会。他到处抓拍,树上的乌鸦啊,黏在胶纸上的蟑螂啊。我当时带了个傻瓜相机,他跟我说,这种照相机很差,完全不能靠人控制,根本无法得到你需要的效果。他劝我买一台像他用的那台 Olympus。他说这照相机已经不生产了,但可在二手店买到。他还建议我,在摄影中一定不要用闪光灯,会把所有的空间都压缩成平面,缺乏真实的氛围。不久,我在波士顿的一家二手店终于买到了。第二年,也就是 1991 年夏天,我和金斯堡在纽约见面,我把买到的 Olympus 给他看,他在手里把玩,很满意,认为新旧程度和价格都合适,他顺手用那台相机给我拍了两张。在数码相机出来之前,我很长时间都在用这个 Olympus。

业余中的专业视角

◎ 在漂泊生涯中,您拍的大多是黑白还是彩色?

● 基本上都是彩色的。主要是记录这些年的漂泊生活,拍朋友、女儿,还有各地风景,基本属于旅游纪念照这一类。当然,有时也涉及国际社会政治主题。比如2002年春天我参加了一个国际作家代表团去巴勒斯坦,拍过围城和战争破坏的痕迹,拍过难民营以及与阿拉法特的会谈等场面。最近十年,数码相机的出现具有革命性的意义,旅行携带起来更方便了。

　　我觉得像我们这些非专业的摄影人,一定要找到自己独特的摄影语言。我经常看到一些人用特别高级的照相机,去照那些所谓标准化的风景照,这是最傻的事儿。因为你永远不可能超过那些明信片,它们是在商业摄影运作中千锤百炼的——各种角度各种光线全都试过了。我开始寻找自己的摄影语言,换一个角度去观看去领悟世界。我经常拍的是一些比较抽象的东西。比如我在《书城》杂志发的那几张照片,有一张叫"窗口",是在瑞士拍的。那是一个已故的非常有名的法国画家的庄园,其中有个用作马圈的小房子。画家把窗户装饰得很漂亮。正好一匹马从窗口探出头来，向外张望，我抓拍了好几张，选取不同的角度。从侧面看特别有意思，因为窗口本身就像一幅画。

◎ 都是用数码相机拍的？

● 后来用的都是数码的，数码的方便。胶片还要冲洗啊什么的，对一个国际流浪汉来说太麻烦。如今有一个小型数码相机和一台笔记本电脑就够了，走遍天下都不怕。对了，我现在用的是 Canon G10，郑重向摄影爱好者推荐，它体积小，但具有准专业相机的功能。

◎ 感觉还是比较倾向于拍彩色的。

● 我一直都用彩色的，而彩色转成黑白非常方便。这可能和我的坏毛病有关——我只看彩色电影，不太爱看黑白电影。有时出于特殊需要，我会加大曝光量，达到类似黑白的效果。

◎ 不做后期处理？

● 不，我完全反对做后期处理。现在后期处理技术太高了，以假乱真，实在没什么意思。

◎ 您拍照的时候有没有带着一种事先想象的画面，带着某种预期去拍?
- 没有。我带照相机出门时，经常会突然间看到某个影像，感到某种刺激，但又往往抓不住，总是和你的想象有距离，拍出来达不到理想的效果。有时候你观看时觉得不怎么样，拍出来倒挺有意思。这其中有即兴与偶然的因素。

城市中的"幽灵"

◎ 回过头再去看这些年拍的照片，您觉得这些照片对于您来说有什么意义?
- 作为一个业余的摄影家（笑），发表摄影作品，可能比发表文字更让人兴奋吧。你会幻想自己在另外一个领域得到了承认。不过现在《书城》他们发的是我的照片配文字，所以现在我还怀疑，他们到底是因为我的文字才发我的照片呢，还是真的喜欢我的照片（笑）。这种事你没法判断。我在摄影上不够用功，经常犯懒。我相信一个好的摄影家，就像一个好的作家一样需要不断地探索，就像王寅他们这样，整天端着照相机到处去捕捉那转瞬即逝的影像。而我懒到有时连最轻便的相机都不带，错过一些难得的拍摄机会。不过有一点我和王寅很相像，就是往往不能在自己所住的地方拍出好照片，而是要去一个陌生的地方，这和距离感有关，有距离感才会有新鲜感。

◎ 您去一个城市首先会关注什么东西，什么样的城市会比较吸引您？

● 我拍的往往是一个城市中"幽灵"的部分。这"幽灵"的部分与城市的主体无关，而是别人不太在意的。比如一个柱头、一个门，或者是光影等局部细节，往往又是带有某种普遍性的东西，很难看出来是在哪儿拍的，很难辨别地方性。这可能就是我的角度，我不太想拍带有强烈文化诠释性的照片，比如去西藏，一定要拍布达拉宫啊，拍天葬啊，拍喇嘛诵经之类的，这些很多人都拍过了。我还是想找到一种"纯摄影性"的东西，可能这个说法不是很专业。

与事物相遇

◎ 我觉得说到这一点，感觉跟诗歌又有点像了，诗歌里也有不同的意象存在。

● 对。我写诗也是这样，我不太强调诗歌背后的文化意义，那样往往反而限制诗歌本身的自由。一个美国诗人说过，诗歌是在语言中发生的事件。以此类推的话，那么摄影是在影像中发生的事件。

◎ 作为一个诗人，您这种个人化的视角是否多少受到"文学背景"的影响呢？

● 我觉得创造性有多种多样的表现方式，它们之间密切关联，只不过媒介不同而已。而照相机给诗人提供了另一种媒介，就像是另一双眼睛。和诗歌的关系没那么直接，但另有优势。写诗主要的元素之一是意象，包括意与象两部分，也就是说是与意念相关的物象。而摄影更直接，没有语言障碍，直接抓到物象本身。

◎ 前面您提到自己经常拍一些局部的、抽象的东西，这些影像出来之后可能会有不同的解读，您自己是如何诠释的？

● 我的一些照片都发在《书城》杂志上。他们让我写所谓的"摄影手记"，我在其中写的几乎都是关于拍摄的环境与情绪，而尽量不对作品作出诠释。这一点上我赞同桑塔格的观点：反对阐释。我自己拍照时往往与情绪有关，比如有一张是我在荷兰海牙火车站转车时拍的，我从火车站天棚上一块打碎的玻璃下经过，触动了我当时沉郁的心情，于是我返回，拍了几张。

我1993年在荷兰莱顿待了有九个月，那段日子是我生活中非常困难的时期。去年我再回去的时候已是十几年以后，回去的时候心里有一种伤感。一个当年和我一起玩的汉学家接待了我，我们一块聊天，聊到过去的很多事。后来我心情很沉郁，拉箱子在火车站走，突然看到那个玻璃上的裂口，那种感觉是一种"释放"，对于当时特别压抑的心情的释放，拍完后我的心情居然好转了。虽然后来照片发表的时候我还是做了点"解释"，但是我现在觉得那个解释是有点多余的。

所以，摄影有时和写诗很像。你和你的摄影对象常常处在互相寻找的过程中。有的时候你在找它，但怎样也找不到，只有它也在找你时，你们才相遇了。这和写诗有点像，你刻意想写往往写不好。依我看，真正好的摄影作品就是一种相遇的过程。

◎ 发现您还比较喜欢拍一些虚幻的对象，比如水中的倒影，这些是否也和经历、心境有关？
- 我也想过拍一些写实的对象，但发现难度比较大。作为一个流浪者来说，不可能深入当地的生活，那么拍出来往往就是一个游客的角度。我看真正的写实主义大师都是要深入生活的。我在马德里看过匈牙利战地摄影师罗伯特·卡帕拍摄西班牙内战的作品，最后他死于"奠边府战役"。看他那些作品，你可以想象他是在战壕里和士兵们一起生活的，只有身处那种"真实"中，才能找到一种真切的战争感觉。我还看过一些比较好的拍摄打工者和妓女生活的纪实风格作品，都要熟悉拍摄的对象才行。而我做不到，只能避重就轻，避实就虚。

情绪与记忆

◎ 照片有一个功能就是帮助我们贮存记忆。但是您前面也提到，自己拍的照片大多不带地方特征的。那么，多年以后您再翻看以前的照片，会不会引起某种记忆的恍惚感，可能自己都不晓得当初是在哪里拍的，拍的是什么东西了。

- 不会。情绪也是记忆的一种，甚至是更深刻的记忆。我拍的那些"局部"的照片，我都能马上想起来，连同当时的环境、气氛。反而是很多和情绪无关的事件容易忘记。
◎ 似乎拍照的时候您的心情都比较忧郁，是只有在心情不好的时候才拍照么？
- 我心情好或不好的时候都拍，但出来的效果会不同。比如我有一张作品叫"家"，是在墨尔本的一个博物馆门口拍的。我觉得自己真的走到天涯海角了。那天一个朋友开车送我去博物馆，但很倒霉，博物馆关门了。我看见博物馆玻璃上的水帘，隐隐透着里面的灯光。本来环境已经就很暗了，我还减了两挡曝光过度，强调那种特有的幽暗。我面对玻璃站着，可以看到自己的身影，于是把相机放在胸前拍了几张。后来我给这张照片题名为"家"，因为那感觉特别像我梦中的家，很虚幻，很神秘，只有模糊的房子和窗户，还有一盏微弱的灯光。
◎ 可是那种调子比较阴郁，您觉得那是您心目中"家"的感觉？
- 是梦中的家。其实我漂泊这么多年，早就没有原来意义上的那个"家"了。毕竟有一个梦中的家，存在于我的诗歌和摄影作品中。
◎ 拍照和写作比起来，您觉得哪一个媒介更能释放个人情感？
● （笑）你的问题别那么严肃，我哪里真是什么摄影家，只是个业余爱好者而已。我有时在旅途上会感到无聊，拍照是我打发无聊的一种方式。
◎ 除了前面提到的《家》和《无题》，旅行中还有什么拍摄的影像是记忆比较深刻的？
● 有一张照片是在印度拍的。那是前年春天我去新德里开会，会后组织者陪我们到恒河旁的瓦拉纳西小住，从那儿到十公里开外的鹿野苑，即释迦牟尼第一次讲道的地方。离开鹿野苑，我们来到附近的达摩佛塔。达摩佛塔高三十三米，大约建于公元五世纪，是考古学家发现的最早的砖结构建筑之一。我独自绕佛塔漫步，看见经幡飘扬。由于逆光，很难从数码相机屏幕上看到实际效果，我拍了两张，退到背阴处查看。错落交叠的经幡所呈现的色调，因逆光而神秘莫测，因风而生动。可惜发表出来，由于印刷质量差，这种生动的感觉全不见了。

摄影与技术革命

◎ 好,接下来问一些轻松的,您比较喜欢的摄影师有哪些?喜欢哪一类的影像?

● 我比较喜欢亚当斯的作品,还有前面提到的罗伯特·卡帕。还有一个住在纽约的大陆女摄影家金旻(Dodo),她拍的向日葵和大海我也很喜欢,既有激情又有神秘感。虽然我自己拍的大多比较抽象,但我喜欢的反而是那些写实主义的作品,具有震撼力,不可重复不可模仿的。

◎ 写实风格的作品您喜欢哪一类题材?

● 风景和人物的都有。比如亚当斯拍摄风光的那些照片我就很喜欢。我自己在美国也是生活了好多年,去过很多地方。你会发现艺术家的眼光就是不一样。某种程度上,使用的工具都是一样的,但是通过取景器观察的眼睛不一样,出来的东西就不同了,这是摄影奇特的地方。

◎ 后来选择数码主要就是因为数码便捷么?

● 其实很多年我随身携带的都是金斯堡推荐的那个Olympus,但只有标准镜头,拍摄上受到限制。而数码相机不仅体积小，而且有相当可观的变焦镜头，可抓拍远距离的场景。这对我来说具有技术革命的意义（笑）。但数码相机的一个很大的危机是它的感亮度高，反而让人失去了对光线的敏感，因为一切都太容易了。以前用胶片的时候，常会碰到很多难以解决的困难，为了克服困难，自然就会对光线保持一种敏感。现在任何人都可以拿相机东拍西拍，就像网络语言那样泛滥成灾了。人们不再珍惜拍摄每一张照片的感受。这是技术革命带来的问题，在带来便利的同时把人带入新的困境。

瞬间与张力

◎ 现在有没有特别想去的地方，或者特别想拍的题材？
● 我的旅行一直在进行中，马上要去荷兰，还要去美国和法国。我拍照都是即兴的，没有事先预设的题材。相机放在书包里，但常常不愿意拿出来，不知道为什么，我对照相机有一种抵触心理。拍摄冲动是突发的，有时候一下被什么影像触动了，但感觉往往也靠不住。就像刚才说的，是相互寻找的过程——你的情绪和拍摄对象有某种互动关系。
◎ 在您的照片中，构成的元素都比较简单，也比较朴素。
● 对，我喜欢简单的东西，就像我写诗一样，我追求一种比较简约的风格。摄影其实和诗歌一样，是在一瞬间、在不同的东西中找到某种张力。摄影的瞬间是非常重要的，一张好照片就恰恰在"这一瞬间"，而不是在"下一瞬间"，就看你有没有能力去抓住。
◎ 您觉得这种捕捉瞬间的拍摄"刺激"么？
● 没有什么刺激（笑）。我只是觉得一个作家有时需要换一种方式，和文字打交道久了会觉得很累，需要借助另一种媒介喘口气。我拍得很少，一年有那么两三张好的，我就很满意了。
◎ 会经常把自己的照片给朋友或者专业人士看么？
● 对，这一点我有点儿过分，我不单单给别人看，还会放大装框强行送给别人（笑）。说实话，在美国大部分中国人家里装修得太难看了，为了拯救他们的灵魂，我觉得有必要把自己的照片挂在他们家墙上（大笑）。
◎ 比起夸您的文学作品，人们如果说您拍照拍得好，您会开心是吧？
● （笑）是的，明知道这方面水平比较差，还是挺开心,人性的弱点吧。其实我从没想过我的照片能发表,因为王寅向《书城》推荐,才发了那么几张。

寻找自己的摄影语言

◎ 除了小数码之外,有没有尝试过专业级的数码单反?

● 其实我刚买了个大的专业数码相机,但由于我总是轻装出门,几乎没怎么用过。由于现在摄影器材的普及化,造成了人们拍的东西很少有个性。在过去,高级摄影器材非常昂贵,只属于少数的专业摄影师,而现在几乎每个普通的人都能买得起。举个很可笑的例子,在香港每年国庆节,在维多利亚港都要放礼花,沿尖沙咀这边的港湾,每隔半米就能架"大炮",你算算,两三公里得架上几千个"大炮"。实际上毫无意义,他们拍出来的东西几乎是一样的,不会有什么区别。这就是基本的悖论:现代技术普及化以后如何保持个性。

◎ 如何才能维持个性?

● 首先,每个人要寻找属于自己的语言。摄影也是一种语言。找到自己的语言对于每个业余摄影爱好者来说都很重要。其实风景照不一定非得是"明信片式"的,但大部分人对此没有自觉的意识。我在澳洲住在一个朋友家,他和太太每逢周末开车,背全套的照相器材去拍风景照,这倒是一种难得的乐趣,但从摄影角度来说,他们连最普通的摄影杂志的水平都达不到。这是为什么?

我们年轻时器材条件差,从没用过曝光表,但好处是,我们对光线变得特别敏感,而现在傻瓜相机都替你包了,人们对光线变得越来越迟钝。我觉得拍照应该多用手动功能,可加强你对于相机的控制力,达到你想要的影像效果。

◎ 您觉得您的影像风格和诗歌风格相类似么?我之前采访过诗人王寅,他的影像和文字风格迥异,他自己也觉得摄影挖掘了他性格的另一面。

◉ 我觉得摄影和我的诗歌风格还是比较统一的,都比较……阴郁(笑)。我不太喜欢拍阳光明媚的东西。大概骨子里我就是属于"阴影"的,与光明对立。还有一点,摄影反映了一个人的好奇心。你看我都这么老了,还这么热爱旅行(笑)。

◎ 重复地、多次回到一个地方,每一次都会那么好奇么?会不会厌倦呢?

- "人不能两次踏入同一条河流",每次去同一个地方感受都不同。比如我马上又要去荷兰了,上次去心情弄得很不好。我1993年在荷兰待过九个月,那时候很孤单,语言不通,朋友少,住在一个小城,凄风苦雨的,房东是个抠门的荷兰老太太,天冷时总不舍得给我开暖气……我在散文《搬家记》里写过。以后每次回荷兰,我都会想起当初那种孤独的状态。而我第一次去荷兰是1985年夏天,参加鹿特丹国际诗歌节,那是第一次出国,觉得荷兰非常美。所以对于荷兰的感受是很复杂的,构成了我"流亡前"的荷兰和"流亡后"的荷兰。

阳光中的女性

◎ 您早期用胶片机棚拍时拍摄过女性肖像,后来看您用数码相机也抓拍过女诗人翟永明,包括在生活照中看您也经常拍妻子、女儿等,而且都拍得很不错。比起您独自旅游的照片,这些照片都是在"阳光"中的,而不是在"阴影"里。您觉得呢?

- 因为我热爱女性啊,特别是我的亲人朋友。说老实话，当年拍肖像照，主要动机就是为了接近女性，因为我年轻时天性内向害羞，不容易跟女性打交道，拍肖像照给我提供了机会。可惜没有得逞。就因为我热爱她们，所以她们处在"阳光"中，与我的"阴影"相对应。

◎ 现在有很多摄影爱好者喜欢找些"女模特"外拍或者棚拍，但出来的效果大多显得生硬。想听听您是如何在摄影中捕捉女性的美感，怎样的一张肖像照才是打动人的呢？

● 那没办法，跟"女模特"很难有什么感情，跟拍橱窗里的"假人"差不多。而女人的美感是瞬息万变的，捕捉她们是需要感情因素的。

◎ 您可以分别具体举例说明，譬如，您拍摄翟永明诗人的那张照片，听说翟永明自己也很喜欢，您觉得那一刻您捕捉到的是什么？还有一张您夫人在游轮上的照片，那张我也特别喜欢，能不能谈谈是怎么拍的。当然，还有您拍女儿，有一张您女儿和一只小鹿的照片，您拍的非常婉约，那一刻是什么打动了您？

● 今年2月，《今天》杂志和印度同行在新德里开会交流。当时翟永明正在座谈会上发言，我抓拍了几张，挑选了其中构图较完整的一张，特别能显出她内在的优雅气质。她本人也很喜欢，我趁机勒索，开价一百万让她买版权（笑）。

你提到的我夫人的那张摄于2005年夏天。我们去瑞典开会，遇上苗棣、胡舒立夫妇。苗棣先给我夫人拍了几张照片，拍得不错，这下刺激了我。记得那天我们乘船在湖上兜风，波光粼粼，我突然找到感觉，用逆光，并加闪光灯作补光。船身摇晃，有一种动荡感，背后的浪花起伏闪耀，增加了瞬息万变的效果。

关于我女儿田田的那张，是我们全家前不久去奈良拍的。那些古寺到处是鹿，成群结队。田田正在和几只鹿玩耍，我选取了不同的角度。这张感觉最好：田田与鹿有交流关系，并显得若有所思。

◎ 整个采访下来，感觉您年轻时对摄影的喜爱还是比较单纯，拍的对象也比较盲目；后来拍的影像背后则有了更多生活的沉淀，有了个人的情绪。

● 原来喜欢摄影，但是基本"不摸门"，几乎没有保留什么当年具有艺术风格的照片，现在想起来，只有一张以前拍的照片自己还比较满意，是在当时的莫斯科餐厅，俗称"老莫"，拍的是阳光从一排窗户透进来——光与影的效果。这大概是我最早拍的有艺术倾向的照片了。我用的是个16毫米胶片照相机，相当于"间谍相机"，要把120胶片裁成好几条，拍完自己冲洗。

◎ 您是哪一年开始有意识地拍照了？

● 1989年，那是我漂泊生涯的开始，也是我有意识地拍照的开始，但是满意的并不多。现在想起来了，当时买了一台专业相机是为了给我女儿拍照。因为和她分别了很多年，她每次到欧洲来看我就变得非常珍贵，但她从小就不喜欢拍照，而我买的那台相机有运动物体跟踪功能。我给她拍的特别多。

◎ 其实不管是早期的那些胶片，还是后来旅途中的数码"纪念照"，多年以后再看这些照片的时候仍然会叫人感动，（因为）会看到不同时期的自己，有些感觉是"真实的"东西，但是却是已经远离的、过去的。

● 对，看照片总是让人怀旧。这几年我搬来搬去，会随身带上一些精选过的照片，朋友啊，家人啊，过去的住所啊什么的。我从加州搬到香港，就带来一些这类的照片。

Copyright © 2015 by SDX Joint Publishing Company.
All Rights Reserved.
本作品版权由生活·读书·新知三联书店所有。
未经许可,不得翻印。

图书在版编目(CIP)数据

古老的敌意/北岛著. —北京:生活·读书·新知三联书店,2015.10 (2018.7重印)
(北岛集)
ISBN 978-7-108-05463-0

Ⅰ.①古… Ⅱ.①北… Ⅲ.①北岛-访问记 ②演讲-中国-当代-选集 ③随笔-作品集-中国-当代 Ⅳ.①K825.6 ②I267

中国版本图书馆CIP数据核字(2015)第194393号

责任编辑	冯金红
装帧设计	木 木
责任印制	宋 家
出版发行	生活·讀書·新知三联书店
	(北京市东城区美术馆东街22号 100010)
网 址	www.sdxjpc.com
经 销	新华书店
印 刷	河北鹏润印刷有限公司
版 次	2015年10月北京第1版
	2018年7月北京第2次印刷
开 本	880毫米×1092毫米 1/32 印张 7.875
字 数	113千字
印 数	20,001-27,000册
定 价	54.00元

(印装查询:01064002715;邮购查询:01084010542)